Châtelaine

100 RECETTES EXQUISES

Les Éditions
Rogers

Rédactrice en chef : Sophie Banford
Rédactrice en chef adjointe : Nicole Labbé
Coordonnatrice à la production éditoriale : Candice Renaud
Directrices artistiques : Catherine Gravel, Isabelle Dubuc
Conception et réalisation graphique : Isabelle Salmon (Numéro 7)
Coordonnatrice photos : Chantal Landry
Coordonnatrice graphique : Marie-Michèle Leduc
Réviseure-correctrice : Julie Anctil
Correctrices : Monique Thouin, Anik Tia Tiong Fat

Photos de la couverture : Jean Longpré
Photos des recettes :
Yvonne Duivenvoorden : pages 47, 59, 107, 114, 199
Michael Graydon : page 152
Christian Lacroix : pages 7, 17, 20, 25, 43, 49, 50, 118, 173, 207, 214
Jean Longpré : pages 12, 14, 29, 31, 32, 34, 36, 41, 52, 54, 57, 64, 72, 74, 77, 79, 80, 83, 84, 88, 90, 92, 94, 97, 99, 100, 109, 121, 123, 124, 126, 129, 130, 133, 137, 138, 141, 142, 144, 147, 148, 150, 155, 160, 164, 167, 170, 176, 184, 187, 189, 193, 194, 200, 202, 205, 211, 212
Louise Savoie : pages 19, 26, 38, 61, 67, 71, 103, 104, 110, 113, 157, 159, 162, 168, 175, 181, 183, 190, 208
Anders Schønnemann : pages 62, 117, 134, 178
Andreas Trauttmansdorff : pages 23, 44, 68, 87, 196

Stylisme culinaire et accessoires : Stéphan Boucher, Heidi Bronstein, Sophie Carrière, Mathieu Despatie, Anne Fillion, Anne Gagné, Louise Gagnon, Vincent Lavoie-Beaulé, Monique Macot, Denise Roussin.

Merci à Rafaële Germain pour sa collaboration aux textes.

Merci aux boutiques qui ont généreusement prêté des accessoires :
Ares, Arthur Quentin, Comme la vie, avec un accent, Les Touilleurs, Maison la Cornue, Moutarde Décor.

————————————

Les Éditions Rogers limitée
1200, avenue McGill College, bureau 800
Montréal (Québec) H3B 4G7
Téléphone : 514 845-5141
leseditionsrogers.ca

Direction : Marie-José Desmarais, Catherine Louvet
Gestion des affaires : Marie-Claude Caron
Chargé de projet : Louis Audet

Châtelaine, 100 recettes exquises
ISBN 978-2-9811901-0-9
Dépôt légal : 3ᵉ trimestre 2010
Bibliothèque et Archives nationales du Québec, 2010
Bibliothèque et Archives Canada, 2010

Diffusion : Messageries de Presse Benjamin inc.
Impression : Imprimerie Transcontinental Interglobe, Beauceville, Canada

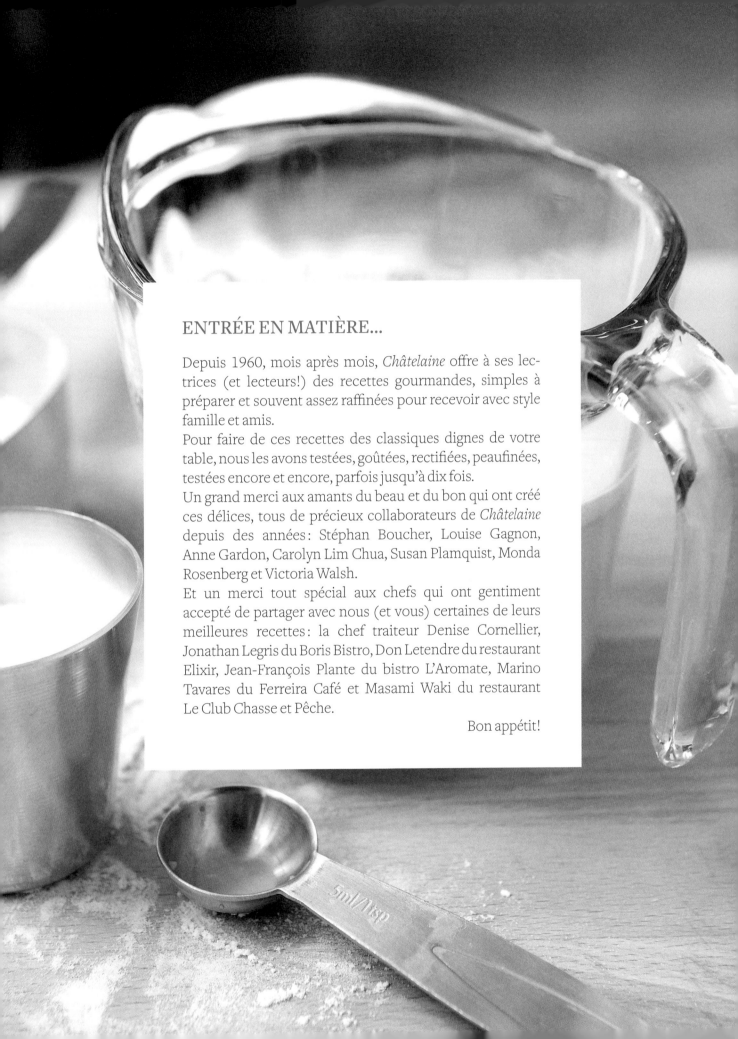

ENTRÉE EN MATIÈRE...

Depuis 1960, mois après mois, *Châtelaine* offre à ses lectrices (et lecteurs!) des recettes gourmandes, simples à préparer et souvent assez raffinées pour recevoir avec style famille et amis.

Pour faire de ces recettes des classiques dignes de votre table, nous les avons testées, goûtées, rectifiées, peaufinées, testées encore et encore, parfois jusqu'à dix fois.

Un grand merci aux amants du beau et du bon qui ont créé ces délices, tous de précieux collaborateurs de *Châtelaine* depuis des années : Stéphan Boucher, Louise Gagnon, Anne Gardon, Carolyn Lim Chua, Susan Plamquist, Monda Rosenberg et Victoria Walsh.

Et un merci tout spécial aux chefs qui ont gentiment accepté de partager avec nous (et vous) certaines de leurs meilleures recettes : la chef traiteur Denise Cornellier, Jonathan Legris du Boris Bistro, Don Letendre du restaurant Elixir, Jean-François Plante du bistro L'Aromate, Marino Tavares du Ferreira Café et Masami Waki du restaurant Le Club Chasse et Pêche.

Bon appétit!

TABLE DES MATIÈRES

9

PETITS-DÉJEUNERS

Le sirop à l'anis de cette salade se prête à toutes sortes d'usages. Il est délicieux sur de la crème glacée et exquis ajouté à du yogourt.

Salade de fraises et de pêches

4 PORTIONS · **PRÉPARATION:** 10 MINUTES · **CUISSON:** 2 MINUTES · **ATTENTE:** 2 HEURES 20 MINUTES

- 3 c. à soupe d'**eau**
- 60 ml (1/4 tasse) de **sucre**
- 3 **anis étoilés**
- 250 ml (1 tasse) de **fraises** fraîches, coupées en deux ou en quatre
- 4 **pêches** fraîches, pelées, dénoyautées et coupées en quartiers

1 - Dans une petite casserole, mettre l'eau, le sucre et l'anis étoilé. Amener à ébullition. Laisser mijoter 1 minute. Éteindre le feu et laisser reposer, à couvert, 15 minutes. Retirer le couvercle et laisser le sirop tiédir quelques minutes.

2 - Mettre les fraises et les pêches dans un grand bol. Filtrer le sirop au chinois et le verser, encore tiède, sur les fruits. Mélanger délicatement. Couvrir et réfrigérer au moins 2 heures avant de servir. Cette salade peut se servir telle quelle, ou avec un gâteau des anges ou au fromage, ou de la crème glacée.

Un plat spectaculaire,
et pourtant très facile à faire !

Coupelles aux œufs et au canard confit

8 COUPELLES · **PRÉPARATION:** 15 MINUTES · **CUISSON:** 30 MINUTES

- 1 **pain pita** de 30 cm (12 po)
- 1 1/2 c. à soupe de **gras de canard** ou d'huile d'olive
- 2 **échalotes françaises** émincées
- **sel** et **poivre**
- 200 g de **canard confit** effiloché (provenant de 2 cuisses) ou de jambon

- feuilles d'**estragon frais,** ciselées ou ciboulette
- 12 **tomates cerises** coupées en deux
- 8 **œufs**

1 - Préchauffer le four à 175 °C (350 °F). Ouvrir le pain pita pour le séparer en deux. Couper chaque cercle en quatre de façon à obtenir huit pointes.

2 - Dans une poêle, sur feu moyen, chauffer le gras de canard et y cuire les échalotes jusqu'à ce qu'elles soient ramollies et légèrement dorées, de 3 à 5 minutes. Saler et poivrer. Réserver.

3 - Beurrer les compartiments d'un moule à gros muffins (8 muffins de 200 ml chacun). Tapisser chaque compartiment d'une pointe de pita pour former une coupelle. Répartir le canard, les échalotes, quelques feuilles d'estragon et les tomates dans chaque coupelle, puis y casser un œuf.

4 - Déposer au centre du four et cuire jusqu'à ce que le blanc des œufs soit tout juste cuit, environ 25 minutes. Saler et poivrer si désiré. Garnir d'estragon ou de ciboulette.

NOTE
Si on utilise du jambon plutôt que du canard confit, saupoudrer le tout de parmesan finement râpé et de ciboulette avant de servir.

Pour un petit-déjeuner vitaminé, servez ces ramequins avec du pain multigrain grillé.

Ramequins aux œufs et aux épinards

4 PORTIONS · **PRÉPARATION:** 10 MINUTES · **CUISSON:** 25 MINUTES

- 200 g d'**épinards**
- 125 ml (1/2 tasse) de **fromage** (cheddar fort ou parmesan) râpé
- **sel** et **poivre**
- 4 **œufs**

1 - Préchauffer le four à 200 °C (400 °F). Beurrer légèrement quatre ramequins de 125 ml (1/2 tasse).

2 - Remplir une casserole d'eau et porter à ébullition. Y plonger les épinards et les retirer aussitôt. Rincer à l'eau froide en pressant pour retirer l'excédent d'eau. Hacher les épinards grossièrement. Dans un bol, mélanger les épinards et le fromage. Saler et poivrer.

3 - Répartir le mélange d'épinards dans les ramequins en tapissant le fond et les parois. Casser un œuf au centre de chaque ramequin. Saler et poivrer.

4 - Déposer les ramequins dans un grand plat allant au four aux rebords relevés. Verser de l'eau bouillante dans le plat jusqu'à la mi-hauteur des ramequins, recouvrir de papier d'aluminium. Cuire au four environ 20 minutes pour des œufs mollets et 25 minutes pour des œufs durs, en surveillant bien les dernières minutes de cuisson pour éviter qu'ils cuisent trop.

NOTE
On peut remplacer les épinards frais par 250 ml (1 tasse) d'épinards surgelés.

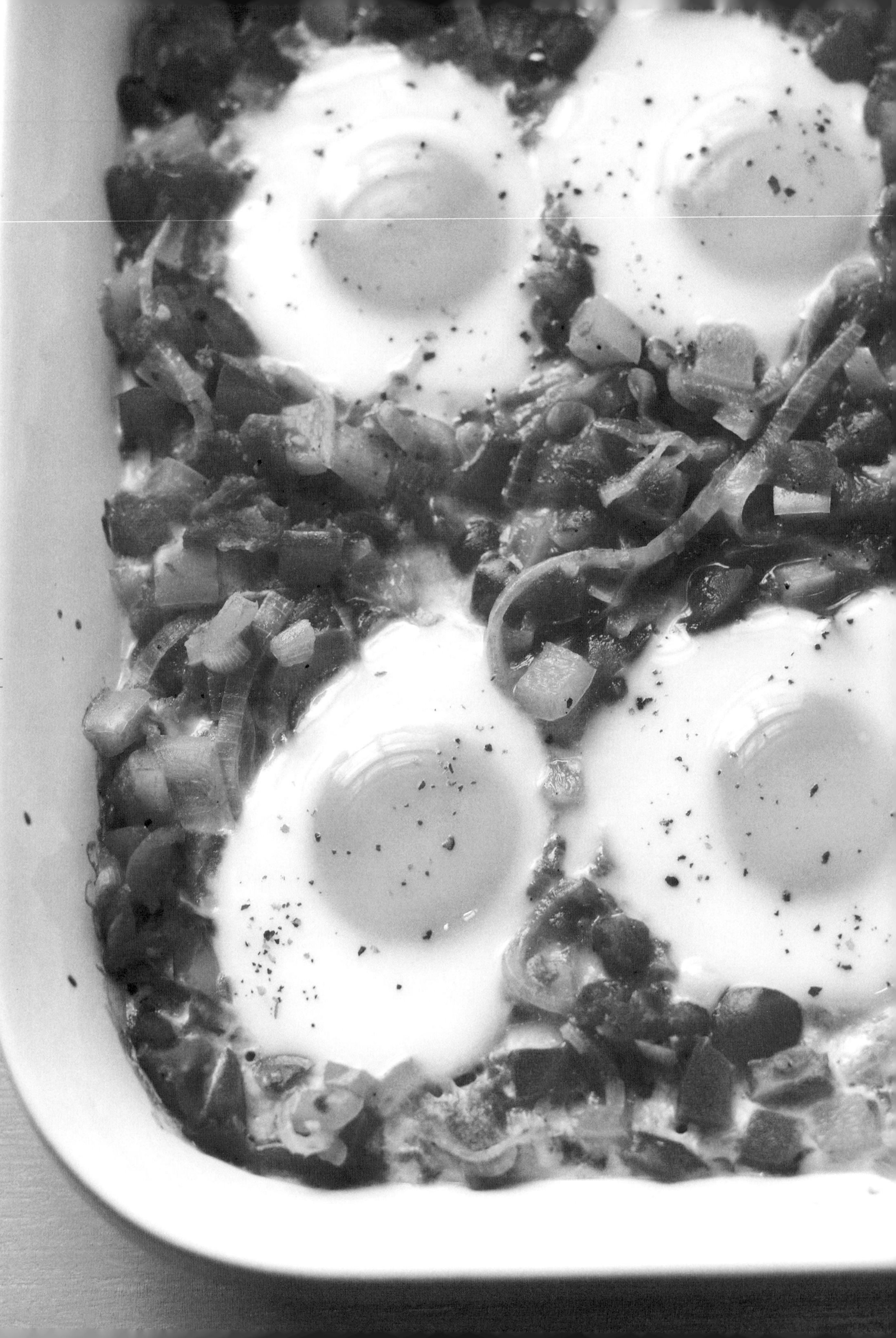

Pour une expérience totalement espagnole, présentez ce plat avec du jambon de Bayonne, ou un autre jambon cru, et du pain de campagne croûté.

Œufs pochés à la basquaise

6 À 8 PORTIONS · **PRÉPARATION:** 15 MINUTES · **CUISSON:** 55 MINUTES

- 3 c. à soupe d'**huile d'olive**
- 2 **oignons** émincés
- 2 gousses d'**ail** pressées
- 2 **poivrons rouges** coupés en dés
- 3 **poivrons jaunes** coupés en dés

- 1 boîte (798 ml) de **tomates en dés**, égouttées
- 1 pincée de **sucre**
- **sel** et **poivre**
- 8 **œufs**
- **piment d'Espelette moulu**

NOTE
Le piment d'Espelette, ingrédient d'appellation d'origine contrôlée du pays basque, relève soupe de poisson, ragoût de veau et plats au poulet.

1 - Dans une poêle, sur feu moyen, chauffer l'huile. Y faire revenir les oignons en remuant de temps à autre jusqu'à ce qu'ils soient ramollis et légèrement dorés, environ 7 minutes. Ajouter l'ail et cuire 30 secondes – éviter qu'il brûle. Ajouter les poivrons, les tomates et le sucre. Saler et poivrer. Laisser mijoter à découvert, sur feu moyen-doux, en remuant de temps à autre, de 20 à 25 minutes. Rectifier l'assaisonnement au besoin. Cette sauce peut être préparée la veille. La réchauffer avant de passer à l'étape suivante.

2 - Préchauffer le four à 175 °C (350 °F). Verser la sauce dans un grand plat rectangulaire allant au four. Avec le dos d'une cuillère, former huit petits nids peu profonds dans la sauce. Casser délicatement un œuf dans chaque nid. Recouvrir de papier d'aluminium, sans serrer. Cuire au four jusqu'à ce que le blanc des œufs soit tout juste pris, environ 25 minutes. Saler les œufs et saupoudrer le plat de piment d'Espelette avant de servir.

*Il vous suffira de 25 minutes pour épater
la famille au prochain brunch !*

Crêpes aux pêches, aux graines de pavot et à la crème sure

14 À 16 CRÊPES · **PRÉPARATION:** 15 MINUTES · **CUISSON:** 4 MINUTES PAR CRÊPE

- 500 ml (2 tasses) de **farine tout usage**
- 60 ml (1/4 tasse) de **sucre**
- 2 c. à soupe de **graines de pavot**
- 1 c. à soupe de **levure chimique** (poudre à lever)
- 1/2 c. à thé de **sel**
- 2 **œufs**

- 375 ml (1 1/2 tasse) de **lait**
- 250 ml (1 tasse) de **crème sure**
- 2 c. à soupe de **beurre** fondu
- 1 c. à thé d'**extrait de vanille**
- 4 petites **pêches**, pelées et coupées en tranches minces
- **beurre** pour la cuisson
- **sirop d'érable**

1 - Dans un grand bol, mélanger à la fourchette la farine, le sucre, les graines de pavot, la levure chimique et le sel. Creuser un puits au centre de la préparation.

2 - Dans un autre bol, fouetter les œufs, le lait, la crème sure, le beurre fondu et la vanille. Verser dans le puits des ingrédients secs et remuer juste assez pour que le mélange soit homogène.

3 - Dans une poêle, sur feu moyen, faire fondre environ 1 c. à thé de beurre. Y verser environ 60 ml (1/4 tasse) du mélange à crêpes et ajouter sans tarder deux ou trois tranches de pêche. Cuire la crêpe jusqu'à ce que des bulles se forment à la surface et que les bords soient légèrement dorés, 2 ou 3 minutes. La retourner et cuire jusqu'à ce qu'elle soit dorée, 2 ou 3 minutes. Réserver les crêpcs dans une assiette au four réglé à basse température. Pour gagner du temps, utiliser deux poêles simultanément. Servir avec du sirop d'érable.

Une délicieuse croûte d'amandes tranchées rend ce pain doré absolument craquant !

24

Pain doré à la marmelade et aux amandes

6 À 8 PORTIONS · **PRÉPARATION:** 15 MINUTES · **CUISSON:** 25 MINUTES

- 180 ml (3/4 tasse) d'**amandes tranchées**
- 3 **œufs**
- 125 ml (1/2 tasse) de **lait** ou de crème 15 %
- 60 ml (1/4 tasse) de **marmelade d'oranges**
- 1 c. à soupe de **cassonade**
- 1/2 c. à thé d'**extrait de vanille**

- 6 à 8 tranches de **pain aux œufs** (challah) rassis, avec graines de sésame, de 1,25 cm (1/2 po) d'épaisseur ou d'un autre pain
- **sirop d'érable**
- quartiers d'**orange**

1 - Préchauffer le four à 190 °C (375 °F). Tapisser une plaque à cuisson de papier d'aluminium et beurrer celui-ci généreusement.

2 - Étaler les amandes dans une assiette.

3 - Dans un plat rectangulaire assez grand pour contenir une tranche de pain, mettre les œufs et les battre à la fourchette. Ajouter le lait, la marmelade, la cassonade et la vanille. Bien mélanger.

4 - Tremper une tranche de pain dans le mélange, de 5 à 10 secondes de chaque côté. La ressortir aussitôt pour ne pas la détremper. Déposer la tranche sur les amandes et en enrober les deux faces. Déposer sur la plaque à cuisson. Répéter avec chacune des tranches.

5 - Cuire au four environ 15 minutes. Retourner et cuire encore 10 minutes ou jusqu'à ce que le pain soit bien doré. Servir avec du sirop d'érable chaud et des quartiers d'orange.

VARIANTE
Pour faire des sandwichs de pain doré, doubler le nombre de tranches de pain, garnir chaque sandwich de marmelade ou de tartinade au chocolat avant de le passer dans le mélange d'œufs, puis dans les amandes.

Trois ingrédients bien de chez nous se retrouvent dans ces beaux muffins auxquels la semoule de maïs donne une texture irrésistible.

Muffins au maïs, aux canneberges et aux pacanes

12 MUFFINS · **PRÉPARATION:** 15 MINUTES · **CUISSON:** 25 MINUTES

- 2 **œufs** battus légèrement
- 60 ml (1/4 tasse) d'**huile de canola**
- 160 ml (2/3 tasse) de **lait**
- 60 ml (1/4 tasse) de **yogourt nature**
- zeste de 1 **orange**
- 375 ml (1 1/2 tasse) de **farine tout usage**
- 160 ml (2/3 tasse) de **farine de maïs** ou de semoule de maïs
- 160 ml (2/3 tasse) de **sucre**
- 1 c. à soupe de **levure chimique** (poudre à lever)
- 1/4 c. à thé de **sel**
- 375 ml (1 1/2 tasse) de **canneberges** fraîches ou surgelées
- 125 ml (1/2 tasse) de **demi-pacanes** farinées

1 - Préchauffer le four à 190 °C (375 °F)*. Beurrer les compartiments d'un moule à 12 muffins de grosseur moyenne ou le garnir de coupelles en papier ou en silicone.

2 - Dans un bol, mélanger les œufs, l'huile, le lait, le yogourt et le zeste d'orange.

3 - Dans un grand bol, mélanger les farines, le sucre, la levure chimique et le sel. Ajouter les canneberges et les demi-pacanes aux ingrédients secs et bien mélanger. Former un puits et y verser les ingrédients liquides. Mélanger délicatement jusqu'à ce que les ingrédients secs soient à peine humectés.

4 - À l'aide d'une cuillère, répartir la pâte dans les moules. Cuire au centre du four de 25 à 30 minutes, ou jusqu'à ce qu'un cure-dents inséré au centre d'un muffin en ressorte sec. Laisser reposer environ 5 minutes. Transférer sur une grille et laisser tiédir. Servir nature ou avec du beurre d'érable, du beurre de miel ou du fromage de chèvre.

* Utiliser un four à convection, si cela est possible, afin d'obtenir une belle croûte croustillante. Cuire alors à 175 °C (350 °F) de 20 à 25 minutes.

Qui a dit que manger santé était ennuyant ? Prouvez le contraire avec ces muffins débordants de saveurs et de petits fruits colorés.

Muffins santé aux petits fruits

12 MUFFINS · **PRÉPARATION:** 15 MINUTES · **CUISSON:** 20 MINUTES

- 310 ml (1 1/4 tasse) de **farine de blé entier**
- 160 ml (2/3 tasse) de **farine de maïs**
- 310 ml (1 1/4 tasse) de gros **flocons d'avoine**
- 160 ml (2/3 tasse) de **son de blé**
- 3 c. à thé de **levure chimique** (poudre à lever)
- 1 c. à thé de **bicarbonate de soude**
- 1 c. à thé de **sel**
- 1 c. à thé de **cannelle**

- 1 c. à soupe de zeste d'**orange** râpé (facultatif)
- 160 ml (2/3 tasse) de **cassonade**
- 2 **œufs**
- 430 ml (1 3/4 tasse) de **babeurre**
- 80 ml (1/3 tasse) d'**huile végétale**
- 1 c. à thé d'**extrait de vanille**
- 375 ml (1 1/2 tasse) de **bleuets** ou de **framboises** (ou un mélange), frais ou surgelés

1 - Préchauffer le four à 200 °C (400 °F). Beurrer les compartiments d'un moule à 12 muffins de grosseur moyenne ou le garnir de coupelles en papier ou en silicone.

2 - Dans un grand bol, mélanger à la fourchette les farines, les flocons d'avoine, le son, la levure chimique, le bicarbonate, le sel, la cannelle, le zeste d'orange et la cassonade.

3 - Dans un autre bol, battre ensemble les œufs, le babeurre, l'huile et la vanille. Verser sur les ingrédients secs et remuer juste assez pour les humidifier. Incorporer les petits fruits délicatement – ne pas trop travailler la pâte, car elle risquerait de durcir.

4 - Répartir dans les moules et cuire au four de 20 à 25 minutes ou jusqu'à ce qu'un cure-dents inséré au centre d'un muffin en ressorte sec. Laisser reposer 5 minutes. Transférer sur une grille et laisser tiédir.

*On se fait plaisir avec cet
indémodable classique au petit-déjeuner,
à la collation ou même au dessert.*

Muffins aux bananes et au chocolat

12 MUFFINS · **PRÉPARATION:** 15 MINUTES · **CUISSON:** 14 MINUTES

- 1 **œuf**
- 60 ml (1/4 tasse) d'**huile végétale**
- 250 ml (1 tasse) de **babeurre**
- 1 1/2 c. à thé d'**extrait de vanille**
- 125 ml (1/2 tasse) de **cassonade**
- 2 **bananes** mûres, écrasées
- 250 ml (1 tasse) de **farine tout usage**

- 250 ml (1 tasse) de **farine de blé entier**
- 180 ml (3/4 tasse) de **son de blé**
- 60 ml (1/4 tasse) de **cacao en poudre**
- 1 c. à thé de **levure chimique** (poudre à lever)
- 1 c. à thé de **bicarbonate de soude**
- 3/4 c. à thé de **sel**

1 - Préchauffer le four à 220 °C (425 °F). Beurrer les compartiments d'un moule à 12 muffins de grosseur moyenne ou le garnir de coupelles en papier ou en silicone.

2 - Dans un bol, battre l'œuf, l'huile, le babeurre et la vanille. Y mélanger la cassonade jusqu'à ce qu'elle soit dissoute et incorporer les bananes.

3 - Dans un grand bol, mélanger à la fourchette les farines, le son, le cacao, la levure chimique, le bicarbonate et le sel. Creuser un puits au centre des ingrédients secs et y verser le mélange à la banane. Mélanger doucement pour humecter les ingrédients.

4 - À l'aide d'une cuillère, déposer le mélange dans les moules et faire cuire au four jusqu'à ce qu'un cure-dents inséré au centre d'un muffin en ressorte sec, environ 14 minutes. Laisser reposer 5 minutes. Transférer sur une grille et laisser tiédir.

TRUC
On peut remplacer le babeurre par un mélange de 250 ml (1 tasse) de lait et 2 c. à thé de vinaigre ou de jus de citron.

Qui l'eût cru ? Les saveurs de la menthe et des prunes fraîches étaient faites pour se rencontrer. Savourez l'exquise confiture que voici sur du pain grillé ou, en soirée, avec des fromages.

Confiture de prunes à la menthe

5 POTS DE 500 ML (2 TASSES) · **PRÉPARATION:** 25 MINUTES · **CUISSON:** 30 MINUTES · **ATTENTE:** 12 HEURES

- 2 kg (4 1/2 lb) de **prunes rouges** (environ 20)
- 2 litres (8 tasses) de **sucre**
- le zeste râpé et le jus de 1 **citron**
- 125 ml (1/2 tasse) de **menthe fraîche,** écrasée

1 - Dénoyauter les prunes en les coupant en deux. Réserver une douzaine de noyaux et les placer dans un carré de mousseline – ils ajouteront un goût de noisette à la confiture.

2 - Dans une grande terrine, déposer en alternance des couches de prunes et de sucre. Couvrir du reste du sucre. Laisser macérer au frais au moins 12 heures.

3 - Verser le tout (fruits et sirop) dans une grande casserole à fond épais. Ajouter le zeste et le jus de citron de même que le carré de mousseline contenant les noyaux. Porter à ébullition sur feu moyen, puis laisser bouillir de 30 à 40 minutes en remuant presque constamment pour éviter que la confiture colle au fond. Écumer au besoin. Ajouter la menthe en fin de cuisson.

4 - Vérifier la cuisson de la confiture en en déposant quelques gouttes sur une assiette froide. La préparation devrait se gélifier très rapidement. Verser dans des bocaux stérilisés et sceller. Se conserve deux mois au réfrigérateur.

34

*Divine sur une baguette grillée
au petit-déjeuner, cette confiture
rehausse un simple pain doré.*

Confiture à la citrouille et aux abricots

5 POTS DE 250 ML (1 TASSE) · **PRÉPARATION:** 25 MINUTES · **CUISSON:** 50 MINUTES

TRUC
Pour peler plus facilement la citrouille, la couper en quartiers assez étroits. Déposer ces quartiers sur une planche à découper, côté peau en dessous et en détacher la chair avec un couteau bien aiguisé.

- 375 ml (1 1/2 tasse) d'**abricots** frais, hachés
- 1 kg (2 1/4 lb) de **citrouille** ou de courge musquée (*butternut*) coupée en dés
- 750 ml (3 tasses) de **sucre**
- 500 ml (2 tasses) de **jus d'orange**
- 1 morceau de 2 cm de **gingembre** pelé et haché

1 - Mettre tous les ingrédients dans une grande casserole à fond épais. Porter à ébullition en remuant à quelques reprises. Laisser mijoter sur feu doux et à découvert 50 minutes, en remuant seulement au besoin pour ne pas briser les morceaux de citrouille.

2 - Verser dans des bocaux stérilisés et sceller. Se conserve deux mois au réfrigérateur.

AMUSE-GUEULE ET ENTRÉES

*La bonne vieille guedille, un classique
de la restauration-minute, est bonifiée
grâce à des ingrédients de choix comme
des crevettes d'ici, un pain brioché
et une mayonnaise maison.*

Guedilles revisitées aux crevettes

24 BOUCHÉES · **PRÉPARATION:** 30 MINUTES · **CUISSON:** 5 MINUTES

MAYONNAISE MAISON
- 1 **œuf**
- 1/2 c. à thé de **sel de mer**
- 250 ml (1 tasse) d'**huile végétale**
- 2 c. à soupe de **jus de citron**
- quelques gouttes de **tabasco**, au goût

- 1 **pain brioché***, non tranché
- 2 c. à soupe de **beurre** ramolli
- 450 g (1 lb) de **crevettes de Matane** cuites
- 12 brins de **ciboulette fraîche**, ciselés
- quelques feuilles de **roquette**

NOTE
On utilise les crevettes de Matane, savoureuses et « éthiquement correctes ».

1 - Pour la préparation de la mayonnaise maison : dans le récipient du robot culinaire, bien mélanger l'œuf et le sel. Pendant que l'appareil est en marche, verser l'huile, goutte à goutte, jusqu'à ce que la préparation commence à épaissir, puis en un mince filet. Ajouter peu à peu le jus de citron et le tabasco.

2 - Préchauffer le four à 190 °C (375 °F). Couper le pain en fines tranches de 0,75 cm (1/4 po) d'épaisseur. Enlever les croûtes pour former des carrés de 5 cm x 5 cm (2 po x 2 po) (récupérer les croûtes pour en faire de la chapelure). Badigeonner de beurre les carrés de pain à l'aide d'un pinceau à pâtisserie. Presser les morceaux de pain avec les doigts à l'intérieur d'un moule à muffins miniatures. Cuire au centre du four de 5 à 7 minutes ou jusqu'à ce que les bordures soient dorées – le pain doit rester tendre au centre. Démouler et laisser refroidir à température ambiante avant de ranger dans un contenant hermétique.

3 - Au moment de servir, mélanger les crevettes, 60 ml (1/4 tasse) de mayonnaise maison et la ciboulette. Répartir dans les minicoupes de pain grillé et décorer de feuilles de roquette.

* Pain blanc qui a la consistance et le goût de la brioche.

*Le secret d'un soufflé réussi tient
essentiellement aux blancs d'œufs,
qui ne doivent pas être trop fouettés.*

Soufflés au fromage

6 PORTIONS · **PRÉPARATION:** 30 MINUTES · **CUISSON:** 25 MINUTES

- 2 c. à soupe de **beurre**
- 2 c. à soupe de **farine**
- 250 ml (1 tasse) de **lait** tiède
- 250 ml (1 tasse) de **fromage** râpé
  (emmenthal, gruyère ou à raclette)

- 1 pincée de **noix de muscade** râpée
- **sel** et **poivre**
- 4 **œufs**, blancs et jaunes séparés

1 - Beurrer et fariner six moules à soufflé de 180 ml (3/4 tasse). Dans une petite casserole, faire fondre le beurre. Y saupoudrer la farine et cuire 2 ou 3 minutes, en remuant, jusqu'à ce que le mélange soit mousseux et doré. Ajouter le lait tiède et cuire sur feu moyen, en remuant, jusqu'à ce que la béchamel épaississe, environ 5 minutes – ne pas faire bouillir. Incorporer le fromage et la muscade. Saler et poivrer. Couvrir et laisser tiédir.

2 - Préchauffer le four à 220 °C (425 °F). Dans un grand bol, battre les blancs d'œufs en neige et réserver.

3 - Ajouter les jaunes d'œufs à la béchamel et bien mélanger. Incorporer les blancs d'œufs, en soulevant délicatement la préparation comme pour un gâteau des anges. Répartir dans les moules, mettre au four et baisser la température à 200 °C (400 °F). Cuire de 15 à 20 minutes, sans ouvrir la porte du four. Servir immédiatement.

VARIANTE
Remplacer le fromage par le même volume d'épinards cuits, pressés et hachés, ou par 100 g de saumon fumé haché.

*On réinvente les œufs mimosa de maman
avec cette recette ultra-chic que vous pourrez
servir à l'heure du brunch ou en début de soirée,
pour donner le coup d'envoi à la fête.*

Œufs farcis aux crevettes

24 BOUCHÉES · **PRÉPARATION:** 15 MINUTES · **CUISSON:** 2 MINUTES · **ATTENTE:** 20 MINUTES

- 12 **œufs** très petits
- 150 g (1/3 lb) de **crevettes de Matane** cuites
- 2 c. à soupe de **mayonnaise**
- 1/2 c. à thé de **moutarde de Dijon**

- 1 c. à soupe de **ciboulette fraîche,** ciselée
- **sel** et **poivre**
- **œufs de poisson** (truite ou autre) ou brins de ciboulette pour décorer (ou les deux)

1 - Dans une grande casserole, déposer les œufs et les recouvrir d'au moins 2,5 cm (1 po) d'eau froide. Couvrir et porter à forte ébullition. Retirer aussitôt du feu et laisser reposer dans l'eau de 20 à 25 minutes.

2 - Égoutter et rincer à l'eau froide. Écaler les œufs et les couper en deux dans le sens de la hauteur. À l'aide d'une petite cuillère, prélever les jaunes et réserver la moitié d'entre eux (le reste pourra être utilisé ultérieurement pour garnir un plat d'asperges, un potage, etc.).

3 - Égoutter les crevettes dans une passoire, puis les étendre quelques minutes sur des essuie-tout pour les assécher. Les transférer dans un bol et les piler avec une fourchette. Ajouter les jaunes d'œufs réservés en les écrasant. Mélanger. Ajouter la mayonnaise, la moutarde, la ciboulette, un peu de sel, au besoin – attention, les crevettes et les œufs de poisson sont très salés – et du poivre. Bien mélanger.

4 - Farcir les blancs d'œufs du mélange aux crevettes. Décorer d'œufs de poisson ou de brins de ciboulette. Servir immédiatement ou dans les 12 heures. Couvrir hermétiquement et réfrigérer au besoin.

TRUC
Utiliser des œufs qui sont au réfrigérateur depuis plusieurs jours car les œufs très frais sont plus difficiles à écaler.

*Ce tartare de thon parfumé
d'un soupçon de wasabi
fait une succulente entrée,
légère et sans cuisson.*

Tartare de thon aux câpres, crème wasabi

4 PORTIONS · **PRÉPARATION:** 15 MINUTES · **ATTENTE:** 1 HEURE

CRÈME WASABI
- 1 c. à soupe de **poudre de wasabi*** (raifort à la japonaise)
- 2 c. à thé d'**eau**
- 125 ml (1/2 tasse) de **crème fraîche**
- 1 c. à soupe de **ciboulette fraîche,** ciselée

- 60 ml (1/4 tasse) de **coriandre fraîche,** hachée finement
- 2 c. à soupe d'**huile d'olive extra vierge**
- 2 c. à soupe de **câpres** hachées finement

- 2 c. à thé de jus de **lime** fraîchement pressé
- 250 g (1/2 lb) de **thon rouge frais**, de saumon frais ou de truite fumée (catégorie sashimi)
- **micropousses** (facultatif)
- tranches de **lime** (facultatif)

NOTE
À défaut de crème fraîche, mélanger 80 ml (1/3 tasse) de crème sure et 2 c. à soupe de crème à fouetter jusqu'à ce que la préparation soit homogène. Incorporer au wasabi.

1 - Pour la préparation de la crème wasabi : dans un bol, mettre la poudre de wasabi. Ajouter l'eau, 1 c. à thé à la fois, et remuer jusqu'à l'obtention d'une pâte. Incorporer la crème fraîche et la ciboulette. Réserver.

2 - Dans un grand bol, mélanger la coriandre, l'huile, les câpres et le jus de lime. Couper le poisson en dés de 0,5 cm (1/4 po) et l'incorporer en remuant jusqu'à ce que le mélange soit homogène. Couvrir hermétiquement et réfrigérer de 1 à 4 heures.

3 - Au moment de servir, diviser le tartare en quatre portions. Tapisser quatre ramequins de 125 ml (1/2 tasse) d'une pellicule plastique, en la laissant dépasser pour faciliter le démoulage. Y répartir le tartare et tasser. Déposer 2 c. à soupe de crème wasabi dans chaque assiette. Y démouler les portions de tartare. Décorer de micropousses et d'une tranche de lime, si désiré.

* On trouve la poudre de wasabi dans la plupart des supermarchés, dans la section des produits asiatiques.

Envie d'être calme et détendue à l'arrivée de vos invités? Préparez à l'avance la garniture de ces hors-d'œuvre parfumés au cari et à l'estragon.

Canapés aux poires et aux crevettes

24 CANAPÉS · **PRÉPARATION:** 10 MINUTES

- 1 paquet (200 g) de petites **crevettes** cuites, surgelées
- 1 **poire** ferme mais mûre (non pelée), de préférence Anjou
- 1/2 petit **poivron rouge** haché finement
- 1/2 branche de **céleri** hachée finement
- 1 **oignon vert** coupé finement en biais

- 60 ml (1/4 tasse) de **mayonnaise** légère ou régulière
- 1/2 c. à thé de **cari** ou 1 c. à thé de moutarde de Dijon
- 1 c. à soupe d'**estragon frais,** haché ou 1/2 c. à thé d'estragon séché
- 24 **minicoquilles Siljans*** ou croûtes à tartelettes du commerce

1 - Décongeler les crevettes en suivant les instructions sur l'emballage. Assécher avec des essuie-tout. Hacher finement les crevettes et la poire.

2 - Dans un bol, mélanger les crevettes, la poire, le poivron, le céleri et l'oignon vert.

3 - Dans un petit bol, mélanger la mayonnaise, le cari et l'estragon. Incorporer à la première préparation. Goûter; si le mélange n'est pas assez crémeux, ajouter de la mayonnaise, 1 c. à thé à la fois. Se conserve au réfrigérateur jusqu'à une journée.

4 - Au moment de servir, garnir chaque minicoquille de 2 c. à thé de garniture aux poires et aux crevettes. Servir immédiatement.

* On trouve les minicoquilles Siljans dans la plupart des supermarchés, dans la section des biscottes.

NOTE
On peut aussi faire cette recette en utilisant des crevettes de Matane fraîches.

Attention : cette recette simple et conviviale, d'origine grecque, peut créer une forte dépendance. À partager entre amis avec du pain, une salade verte et une bonne bière fraîche.

Fromage frit (saganaki)

4 À 6 PORTIONS · **PRÉPARATION:** 5 MINUTES · **CUISSON:** 3 MINUTES

- 3 c. à soupe de **farine tout usage**
- 400 g de **fromage kefalograviera** ou *kefalotyri* en tranches d'environ 1,5 cm (1/2 po) d'épaisseur
- 4 c. à soupe d'**huile d'olive extra vierge**
- 2 c. à soupe d'**ouzo** (liqueur d'anis grecque) (facultatif)
- 1 **citron** coupé en deux ou en quatre
- **poivre**

NOTE
Les fromages utilisés pour cette recette sont vendus dans les épiceries grecques et certaines fromageries. On peut les remplacer par le halloumi, vendu dans la plupart des fromageries.

1 - Déposer la farine dans une assiette creuse et fariner les deux faces des tranches de fromage.
2 - Dans une poêle, chauffer l'huile sur feu vif. Y frire le fromage environ 1 minute de chaque côté ou jusqu'à ce que se forme une croûte dorée. Enlever l'excédent d'huile de la poêle.
3 - Si désiré, arroser le fromage d'ouzo et flamber. Arroser aussitôt de jus de citron. Poivrer et servir avec des quartiers de citron, si désiré.

*Un bulbe entier d'ail rôti vient parfumer
cette purée on ne peut plus goûteuse
que les Grecs servent en entrée.*

Trempette à l'aubergine (melitzanosalata)

ENVIRON 625 ML (2 1/2 TASSES) · **PRÉPARATION:** 15 MINUTES · **CUISSON:** 25 MINUTES · **ATTENTE:** 1 HEURE

- 1 bulbe d'**ail**
- **huile d'olive extra vierge**
- 2 **aubergines** de grosseur moyenne, coupées en deux sur la longueur
- le jus de 1 **citron**
- 80 ml (1/3 tasse) de **yogourt** nature
- **sel** et **poivre**
- **menthe fraîche**, ciselée très finement
- **tomates cerises** en quartiers ou 1 tomate fraîche, épépinée et coupée en dés

1 - Préchauffer le four à 200 °C (400 °F) ou le barbecue à intensité moyenne-élevée. Déposer le bulbe d'ail, tête tranchée, sur du papier d'aluminium. Arroser le dessus d'un peu d'huile d'olive et emballer. Déposer l'ail emballé et les aubergines, chair en dessous, sur une plaque à cuisson recouverte de papier sulfurisé (parchemin). Cuire au four ou au barbecue environ 25 minutes ou jusqu'à ce que l'ail et la chair des aubergines soient très tendres. Pour la cuisson au barbecue, dès que la peau des aubergines commence à flétrir, vérifier avec la pointe d'un couteau si la chair est tendre.

2 - Déballer le bulbe d'ail et en retirer les gousses. Les laisser tiédir. À l'aide d'une cuillère, retirer la chair des aubergines et la déposer dans un tamis. Laisser égoutter 5 minutes. Écraser les gousses d'ail au presse-ail. Mettre la chair tiédie des aubergines dans le récipient d'un robot culinaire, y ajouter l'ail, le jus de citron, le yogourt, 2 c. à soupe d'huile d'olive, le sel et le poivre. Réduire en purée. Réfrigérer au moins 1 heure.

3 - Au moment de servir, garnir de menthe et de quartiers de tomate cerise. Ajouter un filet d'huile d'olive, si désiré. Servir avec des pointes de pain pita grillées ou des tranches de pain de campagne. Se conserve deux jours au réfrigérateur.

La saveur poivrée de la roquette donne à ce pesto simplissime un petit goût de revenez-y... Servez-le avec des pâtes, ou en entrée sur des tranches de baguette grillées.

Pesto à la roquette et aux courgettes

2 POTS DE 250 ML (1 TASSE) · **PRÉPARATION:** 15 MINUTES

- 250 ml (1 tasse) de feuilles de **roquette** ou de basilic hachées grossièrement
- 60 ml (1/4 tasse) de **noix de Grenoble** ou de pacanes, légèrement rôties
- 2 gousses d'**ail**
- 3 petites **courgettes** coupées en tranches épaisses
- le zeste de 1 **citron**
- 125 ml (1/2 tasse) de **parmesan** râpé
- 125 ml (1/2 tasse) d'**huile d'olive extra vierge**
- **sel** et **poivre** du moulin

Déposer tous les ingrédients dans le récipient du robot culinaire à l'exception de l'huile, du sel et du poivre. Par touches successives, réduire en une purée grossière. Ajouter l'huile en filet en laissant le robot culinaire en marche. Saler et poivrer.

SOUPES, SALADES ET SANDWICHS

Les variantes de minestrone sont innombrables. Ajoutez les légumes de votre choix : chou-fleur, courge, courgette...

Minestrone automnal

8 À 10 PORTIONS · **PRÉPARATION:** 30 MINUTES · **CUISSON:** 35 MINUTES

- 2 c. à soupe d'**huile d'olive extra vierge**
- 125 ml (1/2 tasse) de blanc de **poireau** paré et émincé
- 125 ml (1/2 tasse) de **céleri** avec les feuilles, coupé en dés
- 125 ml (1/2 tasse) de **fenouil** coupé en dés
- 3 gousses d'**ail** hachées
- 1,5 litre (6 tasses) de **bouillon de poulet** du commerce ou maison*

- 1 boîte (796 ml) de **tomates italiennes** écrasées, avec leur jus
- 125 ml (1/2 tasse) de **navet** pelé et coupé en dés
- 125 ml (1/2 tasse) de **carotte** pelée et coupée en dés
- 125 ml (1/2 tasse) de **panais** pelé et coupé en dés
- 1 **brocoli**, tige et fleurettes en morceaux
- 1 **feuille de laurier**

- 1/4 c. à thé d'**origan séché**
- **sel** et poivre
- 60 ml (1/4 tasse) d'**orzo** ou d'autres pâtes courtes
- 250 ml (1 tasse) de **haricots noirs** en conserve, rincés et égouttés
- **parmesan** (facultatif)
- 2 c. à soupe de **basilic frais** ciselé ou feuilles de basilic

1 - Dans une grande casserole, sur feu moyen, chauffer l'huile. Faire revenir le poireau 3 minutes sans le colorer. Ajouter le céleri et le fenouil. Poursuivre la cuisson 3 minutes. Ajouter l'ail et cuire 1 minute.

2 - Ajouter le bouillon, les tomates, le navet, la carotte, le panais, la tige du brocoli, la feuille de laurier et l'origan. Saler et poivrer. Porter à ébullition. Laisser mijoter environ 15 minutes.

3 - Ajouter l'orzo. Cuire 5 minutes. Ajouter les fleurettes de brocoli et les haricots. Poursuivre la cuisson 5 minutes ou jusqu'à ce que les légumes et l'orzo soient tendres. Au moment de servir, garnir les bols de soupe de parmesan et de basilic.

* Voir recette en page 216

TRUC
Pour un parfum incroyable, ajouter dès le début de la cuisson la croûte d'un morceau de parmesan. C'est l'ingrédient secret d'un minestrone vraiment goûteux.

*Faites redécouvrir la courge à ceux
qui la boudent depuis trop longtemps
avec ce potage onctueux... qui ne contient
pas une goutte de crème.*

Potage à la courge musquée et aux poivrons

6 À 8 PORTIONS · **PRÉPARATION:** 20 MINUTES · **CUISSON:** 35 MINUTES

- 1 grosse **courge musquée** (*butternut*), pelée et coupée en tranches de 1 cm (1/2 po) d'épaisseur
- 2 **poivrons orange** égrenés et coupés en quartiers
- **huile d'olive extra vierge**
- 1/2 c. à thé de **romarin séché**
- 1/2 c. à thé de **thym séché**

- une pincée de **sel**
- une pincée de **piment de Cayenne**
- 1 gros **oignon** haché grossièrement
- 2 gousses d'**ail** émincées
- 1 litre (4 tasses) de **bouillon de poulet** du commerce ou maison*
- **croûtons** (facultatif)

1 - Préchauffer le four à 230 °C (450 °F). Mettre la courge et les poivrons séparément sur deux plaques à cuisson. Les badigeonner légèrement d'huile d'olive et les parsemer de romarin, de thym, de sel et de piment de Cayenne. Remuer pour enrober tous les morceaux.

2 - Faire griller au four, en remuant à mi-cuisson, environ 30 minutes ou jusqu'à ce qu'ils soient tendres.

3 - Juste avant la fin de la cuisson des légumes, dans une grande casserole huilée posée sur feu moyen, faire revenir l'oignon et l'ail environ 5 minutes ou jusqu'à ce qu'ils soient tendres. Ajouter les légumes grillés, puis le bouillon de poulet. Mélanger.

4 - Réduire en purée au mélangeur ou au robot culinaire. Réchauffer et, si nécessaire, allonger d'eau ou de bouillon. Garnir de croûtons, si désiré. Se conserve trois jours au réfrigérateur ou deux mois au congélateur.

VARIANTE
Essayer d'autres courges tout aussi délicieuses, telles que la Buttercup, la Sweet Mama et la Kabosha.

* Voir recette en page 216

Cette recette élégante aux saveurs délicates se prépare en deux temps, trois mouvements.

Velouté de céleri aux pommes

6 PORTIONS · **PRÉPARATION:** 15 MINUTES · **CUISSON:** 45 MINUTES

- 2 c. à soupe d'**huile végétale**
- 2 blancs de **poireau** émincés
- 1 litre (4 tasses) de **bouillon de poulet** du commerce ou maison*
- 6 branches de **céleri** hachées grossièrement
- 2 **pommes de terre** pelées et hachées grossièrement

- 2 **pommes rouges** pelées, évidées et coupées en quatre
- **sel** et **poivre**
- 250 ml (1 tasse) de **lait**
- **persil italien frais**

1 - Dans une grande casserole, sur feu moyen, chauffer l'huile. Y faire revenir les poireaux environ 5 minutes ou jusqu'à ce qu'ils deviennent translucides. Ajouter le bouillon, le céleri, les pommes de terre et les pommes. Saler et poivrer. Amener à ébullition puis laisser mijoter sur feu moyen environ 40 minutes ou jusqu'à ce que le céleri soit tendre.

2 - Réduire en purée au mélangeur ou au robot culinaire. Passer au tamis. Verser dans la casserole et ajouter le lait. Réchauffer et servir. Garnir de minces tranches de pomme ou de persil.

*Voir recette en page 216

*La chair de crabe, le lait de coco
et la lime donnent une touche exotique
à ce potage facile à préparer.*

Potage aux épinards, au lait de coco et au crabe

4 PORTIONS · **PRÉPARATION:** 10 MINUTES · **CUISSON:** 18 MINUTES

- 2 à 3 c. à thé de **beurre**
- 1 petit **oignon** haché finement
- 1 ou 2 gousses d'**ail** hachées finement
- 1 **courgette** de grosseur moyenne, en dés
- 500 ml (2 tasses) de **bouillon de poulet** du commerce ou maison*
- 250 ml (1 tasse) de **lait de coco allégé**
- 100 à 150 g de **jeunes épinards**

- jus de 1/2 ou 1 **lime**
- **sel** et **poivre** du moulin
- 1 boîte (120 g) de **chair de crabe** égouttée
- 1/2 **piment de Cayenne** haché ou moulu (au goût)
- zeste de **citron** râpé (au goût)
- **persil frais**, ciselé (facultatif)

TRUC
Pour extraire
davantage de jus d'une
lime, la chauffer
30 secondes au
micro-ondes.

1 - Dans une casserole, sur feu moyen, chauffer le beurre et faire revenir l'oignon et l'ail, environ 2 minutes, sans les colorer. Ajouter la courgette et cuire, en remuant, environ 5 minutes. Verser le bouillon et le lait de coco. Laisser mijoter de 10 à 15 minutes. Ajouter les épinards, remuer et retirer du feu.

2 - Réduire en purée au mélangeur ou au robot culinaire. Ajouter le jus de lime. Saler et poivrer.

3 - Dans un bol, mélanger le crabe, le piment et le zeste de citron. Répartir le potage dans des bols. Garnir chaque bol de la préparation de crabe et de persil, si désiré, ou présenter cette garniture à part, dans un autre bol.

Voir recette en page 216

*La seule vision de ce potage suffira
à mettre vos invités de bonne humeur...
imaginez lorsqu'ils y auront goûté !*

Potage de betteraves à l'orange et au cumin

6 À 8 PORTIONS · **PRÉPARATION:** 20 MINUTES · **CUISSON:** 35 MINUTES

- 2 c. à soupe d'**huile d'olive extra vierge**
- 1 **oignon** haché grossièrement
- 1 c. à thé de **cumin moulu**
- 1 litre (4 tasses) de **bouillon de poulet** du commerce ou maison*
- 2 **pommes de terre** pelées et coupées grossièrement

- 5 **betteraves** de grosseur moyenne ou 8 petites, pelées et coupées en dés
- **sel** et **poivre**
- 125 ml (1/2 tasse) de **jus d'orange**
- **crème sure** ou yogourt nature (facultatif)
- zeste d'**orange** (facultatif)
- **coriandre fraîche** (facultatif)

TRUC

Pour éviter d'avoir à peler les betteraves fraîches au couteau, les faire bouillir entières (avec un bout de leur queue) jusqu'à ce qu'elles soient tendres. Frotter les betteraves cuites sous l'eau froide: la peau s'enlèvera facilement.

1 - Dans une grande casserole, sur feu moyen, chauffer l'huile et faire revenir l'oignon environ 3 minutes sans le colorer. Ajouter le cumin et cuire quelques secondes. Ajouter le bouillon de poulet, les pommes de terre et les betteraves. Saler et poivrer. Couvrir et porter à ébullition. Laisser mijoter à découvert environ 30 minutes ou jusqu'à ce que les légumes soient tendres.

2 - Réduire en purée au mélangeur ou au robot culinaire. Ajouter le jus d'orange. Garnir chaque bol de crème sure, de zeste d'orange et de coriandre, si désiré.

Voir recette en page 216

Pour ajouter une note acidulée, remplacez les poires par des pommes.

Potage aux poires et aux poireaux

6 PORTIONS · **PRÉPARATION:** 10 MINUTES · **CUISSON:** 25 MINUTES

- 2 c. à soupe d'**huile d'olive extra vierge**
- 2 blancs de **poireau** émincés
- 1 litre (4 tasses) de **bouillon de poulet** du commerce ou maison*
- 2 **pommes de terre** pelées et coupées grossièrement
- 5 **poires** pelées, évidées et coupées en quatre
- **sel** et **poivre**
- 250 ml (1 tasse) de **lait**
- **estragon frais,** ciselé

1 - Dans une grande casserole, sur feu moyen, chauffer l'huile. Y faire revenir les poireaux environ 5 minutes ou jusqu'à ce qu'ils deviennent translucides. Ajouter le bouillon, les pommes de terre et les poires. Saler et poivrer. Amener à ébullition, puis laisser mijoter environ 15 minutes ou jusqu'à ce que les pommes de terre soient tendres.

2 - Réduire en purée au mélangeur ou au robot culinaire. Verser dans la casserole et ajouter le lait. Réchauffer. Répartir dans des bols et garnir d'estragon.

* Voir recette en page 216

*Original et rafraîchissant,
ce gaspacho au melon d'eau
ralliera tout le monde. Servez-le
dans de petits verres bien froids
à l'occasion d'une réception.*

Gaspacho au melon d'eau

1 LITRE (4 TASSES) · **PRÉPARATION:** 8 MINUTES · **ATTENTE:** 3 HEURES

- 1,25 litre (5 tasses) de **melon d'eau** épépiné et haché finement
- 1 **oignon vert** haché
- 1 branche de **céleri** hachée
- 1/2 **poivron vert** haché
- **sel** et **poivre** du moulin
- 160 ml (2/3 tasse) de **cocktail aux légumes** (de type V8)
- 2 c. à soupe de **ciboulette fraîche,** ciselée

NOTE
Cette soupe est à son meilleur le jour même. Elle se conserve 8 heures au réfrigérateur.

1 - Mettre 1 litre (4 tasses) du melon d'eau dans le récipient d'un robot culinaire. Ajouter l'oignon vert, le céleri et le poivron. Saler et poivrer. Ajouter le cocktail aux légumes. Réduire en purée – en laissant quelques petits morceaux. Verser dans un grand bol ou un contenant en plastique. Réfrigérer 3 heures.

2 - Au moment de servir, répartir dans des bols ou des verres. Garnir chaque portion d'une cuillerée de melon d'eau et parsemer de ciboulette ciselée.

*Le vert profond du cresson vient
colorer cette simple vichyssoise...
la recette parfaite pour réchauffer
les petits cœurs en hiver !*

Vichyssoise au cresson

4 À 6 PORTIONS · **PRÉPARATION:** 10 MINUTES · **CUISSON:** 28 MINUTES

- 1 c. à soupe d'**huile d'olive extra vierge**
- 1 **oignon** émincé
- 1 litre (4 tasses) de **bouillon de poulet** du commerce ou maison*
- 2 grosses **pommes de terre** pelées et coupées en quartiers
- 2 bottes de **cresson** bien nettoyé
- **sel**
- **yogourt nature**, crème sure ou crème fraîche

1 - Dans une grande casserole, sur feu moyen, chauffer l'huile et y faire blondir l'oignon, environ 5 minutes. Ajouter le bouillon et les pommes de terre. Couvrir et porter à ébullition sur feu moyen-vif. Laisser mijoter, à découvert, environ 15 minutes ou jusqu'à ce que les pommes de terre soient tendres. Ajouter 1 1/2 botte de cresson et poursuivre la cuisson environ 5 minutes. Retirer du feu et saler légèrement.

2 - Réduire en purée au mélangeur ou au robot culinaire. Verser dans des bols à soupe et garnir de yogourt et des feuilles de cresson qui restent.

* Voir recette en page 216

Pour faire honneur à cette recette typiquement portugaise, préparée par le chef Marino Tavares du Ferreira Café, privilégiez l'emploi du couvo, un chèvre vieilli, à tout autre fromage caprin à pâte demi-ferme.

Salade de tomates au fromage de chèvre

6 À 8 PORTIONS · **PRÉPARATION:** 5 MINUTES

- 6 à 8 **tomates** coupées en tranches fines
- 1 **oignon** (rouge de préférence), coupé en tranches fines
- 10 feuilles de **persil italien frais**
- 2 c. à soupe d'**huile d'olive extra vierge**
- 2 c. à thé de **vinaigre de vin rouge**
- **fleur de sel** ou sel
- 250 ml (1 tasse) de **croûtons**
- 250 ml (1 tasse) de **fromage de chèvre** à pâte demi-ferme, en copeaux

Dans une grande assiette, disposer les tomates, l'oignon et le persil. Arroser d'huile d'olive et de vinaigre. Saler. Garnir des croûtons et des copeaux de fromage de chèvre.

Minces et croustillantes, les tranches de prosciutto grillées au four donnent croquant et bon goût salé à cette salade.

Salade de roquette au prosciutto croustillant

4 PORTIONS · **PRÉPARATION:** 10 MINUTES · **CUISSON:** 10 MINUTES

- 1 c. à thé d'**huile d'olive extra vierge**
- **sel** et **poivre**
- 250 ml (1 tasse) de **pain croûté**, en cubes
- 60 g de **prosciutto** tranché mince
- 1 litre (4 tasses) de **roquette**

VINAIGRETTE À L'ANCHOIS
- 1/4 c. à thé de **pâte d'anchois**
- 2 c. à thé de **vinaigre de vin rouge**
- 2 c. à soupe d'**huile d'olive extra vierge**
- **poivre**

VARIANTE
Pour ajouter de la saveur, garnir de gros copeaux de parmesan prélevés avec un économe.

1 - Préchauffer le four à 190 °C (375 °F). Dans un bol, mettre l'huile d'olive, du sel et du poivre. Ajouter les cubes de pain. Mélanger délicatement pour les enrober.

2 - Déposer les cubes de pain et le prosciutto sur une plaque à cuisson et mettre au four environ 10 minutes ou jusqu'à ce que les croûtons et le prosciutto soient légèrement grillés. Laisser refroidir.

3 - Pour la préparation de la vinaigrette : dans un saladier, dissoudre la pâte d'anchois dans le vinaigre de vin rouge. Ajouter l'huile d'olive, poivrer et mélanger.

4 - Ajouter la roquette, les croûtons et le prosciutto dans le saladier et mélanger délicatement.

Cette belle salade rose et verte est idéale pour un lunch festif accompagné d'un verre de rosé ou de rouge léger.

Bifteck en salade

3 À 4 PORTIONS · **PRÉPARATION:** 10 MINUTES · **CUISSON:** 10 MINUTES (BARBECUE) OU 6 MINUTES (POÊLE)

VINAIGRETTE CLASSIQUE
- 60 ml (1/4 tasse) d'**huile d'olive extra vierge**
- 2 c. à soupe de **vinaigre de vin rouge**
- 2 gousses d'**ail** écrasées
- 1 c. à thé de **moutarde de Dijon**
- 1/2 c. à thé de **sauce Worcestershire**
- 1/2 c. à thé de **sel**
- 1/2 c. à thé de **poivre noir** du moulin

- 1 grosse **laitue romaine** parée et défaite en morceaux ou 1,5 litre (6 tasses) de salades mélangées (mesclun)
- 1 **poivron rouge** coupé en dés
- 1 **poire** mûre mais ferme, coupée en tranches
- 450 g (1 lb) de **bifteck de surlonge** ou de contre-filet d'environ 2 cm (3/4 po) d'épaisseur

1 - Huiler la grille du barbecue et le préchauffer.

2 - Pour la préparation de la vinaigrette : dans un petit bol, fouetter tous les ingrédients. Réserver.

3 - Déposer les morceaux de laitue dans un saladier. Ajouter le poivron et la poire.

4 - Retirer l'excès de gras de la viande et en entailler les bords pour ne pas qu'elle rapetisse à la cuisson. Faire griller le bifteck au barbecue, environ 5 minutes de chaque côté pour obtenir une viande mi-saignante – ou à la poêle, environ 3 minutes de chaque côté. Détailler en fines lanières.

5 - Arroser la salade de vinaigrette et mélanger. Ajouter les lanières de bifteck chaudes. Servir immédiatement.

Le meilleur moment pour servir cette salade rafraîchissante ? En entrée ou, pour une réception plus élaborée, entre le plat principal et le dessert.

Salade de fenouil à l'orange

4 PORTIONS · **PRÉPARATION:** 15 MINUTES

VINAIGRETTE AU CUMIN
- 2 c. à soupe de **vinaigre de vin blanc**
- 1 gousse d'**ail** émincée
- 1/2 c. à thé de **cumin moulu**
- 1/4 c. à thé de **sel**
- **piment de Cayenne moulu**
- 60 ml (1/4 tasse) d'**huile d'olive extra vierge**

- 2 grosses **oranges**
- 1 litre (4 tasses) de **jeunes épinards**
- 1/2 petit bulbe de **fenouil** haché finement
- **menthe fraîche** ciselée ou brins de fenouil

1 - Pour la préparation de la vinaigrette : dans un petit bol, fouetter le vinaigre, l'ail, le cumin, le sel et le piment de Cayenne. Y incorporer graduellement l'huile en continuant de fouetter. Réserver.

2 - Couper les extrémités des oranges et les peler. Retirer la membrane blanche qui recouvre la pulpe. Couper les oranges en tranches épaisses. Mettre les épinards dans un bol et les arroser d'un peu de vinaigrette.

3 - Dans chaque assiette, déposer une tranche d'orange, puis la recouvrir d'épinards et d'une autre tranche d'orange. Garnir de fenouil. Arroser de vinaigrette, au goût. Décorer de menthe ou de brins de fenouil.

*Un grand classique
américain, parfait pour
un petit lunch entre amies.*

Salade César au poulet

6 PORTIONS · **PRÉPARATION:** 15 MINUTES · **CUISSON:** 15 MINUTES

VINAIGRETTE CÉSAR
- 125 ml (1/2 tasse) d'**huile végétale**
- 3 c. à soupe de jus de **citron** fraîchement pressé
- 2 grosses gousses d'**ail** écrasées
- 1/2 c. à thé de **pâte d'anchois**
- 1/2 c. à thé de **sauce Worcestershire**
- 1/2 c. à thé de **poivre noir** du moulin
- 2 c. à thé de **moutarde de Dijon**

- 1 c. à thé de **sel**
- 60 ml (1/4 tasse) de **parmesan** fraîchement râpé

- 4 **poitrines de poulet** coupées en cubes de 5 cm (2 po)
- **huile d'olive extra vierge**
- **sel** et **poivre**
- 2 petites **laitues romaines**

NOTE
Si on utilise des brochettes en bambou, les faire tremper 30 minutes dans de l'eau froide avant d'embrocher les cubes de poulet. On peut également cuire les poitrines de poulet entières, les trancher et les ajouter à la salade.

1 - Dans un bol, fouetter tous les ingrédients de la vinaigrette jusqu'à ce qu'elle soit homogène. La préparer quelques heures à l'avance pour que les saveurs se mélangent. La réfrigérer si elle est préparée la veille.

2 - Huiler la grille du barbecue et préchauffer à intensité moyenne-élevée. Ou préchauffer le gril du four. Badigeonner les morceaux de poulet d'huile d'olive. Saler et poivrer. Les embrocher. Faire cuire sur le barbecue (ou dans le haut du four, sur une lèchefrite) environ 15 minutes, ou jusqu'à ce que le poulet soit cuit, en retournant deux fois pendant la cuisson.

3 - Au moment du repas, déchiqueter la laitue et la mettre dans un saladier. Ajouter les brochettes. Mélanger la vinaigrette au fouet. En verser 125 ml (1/2 tasse) dans la salade et remuer délicatement pour enrober tous les ingrédients.

Vous pouvez laisser tomber les pleurotes
– s'il le faut ! – et utiliser seulement des
champignons de Paris, moins chers et
plus faciles à trouver.

82

Sandwichs aux champignons, aux noisettes grillées et au fromage oka

4 SANDWICHS · **PRÉPARATION:** 8 MINUTES · **CUISSON:** 26 MINUTES

- 250 ml (1 tasse) de **noisettes**
- 1 c. à soupe d'**huile d'olive extra vierge**
- 2 c. à soupe de **beurre**
- 250 ml (1 tasse) de **champignons de Paris** émincés
- 250 ml (1 tasse) de **pleurotes** émincés
- 2 gousses d'**ail** hachées finement
- 8 tranches de **pain aux noix**
- 500 ml (2 tasses) de **fromage oka** râpé

1 - Dans une poêle antiadhésive, sur feu moyen, faire griller les noisettes à sec, environ 10 minutes, en agitant la poêle à quelques reprises pour les empêcher de brûler. Laisser tiédir légèrement, enlever la peau et hacher.

2 - Dans la même poêle, sur feu moyen, chauffer l'huile et le beurre et faire dorer les champignons et l'ail environ 10 minutes. Incorporer les noisettes.

3 - Beurrer les tranches de pain sur les deux faces. En recouvrir quatre de la moitié du fromage râpé, répartir le mélange champignons-noisettes par-dessus, puis le reste du fromage râpé. Recouvrir avec les quatre tranches restantes.

4 - Déposer les sandwichs dans une grande poêle et faire griller, sur feu moyen, 3 ou 4 minutes de chaque côté ou jusqu'à ce que le pain soit doré et croustillant, et le fromage, fondant. Trancher en diagonale et servir sans tarder.

TRUC
Pour enlever la peau des noisettes, les mettre dans un linge propre alors qu'elles sont encore chaudes et frotter. Il ne restera que des bribes de peau collée aux noisettes, ce qui est sans importance.

*On aime le mélange des
saveurs simples et franches
dans ce sandwich nourrissant,
une recette de Jean-François Plante,
de L'Aromate.*

Sandwichs au poulet, au brie et aux tomates séchées

4 SANDWICHS · **PRÉPARATION:** 6 MINUTES · **CUISSON:** 12 MINUTES · **ATTENTE:** 1 HEURE

- 6 c. à soupe de **pesto**
- 6 **tomates séchées** réhydratées ou conservées dans l'huile et égouttées
- jus de 1 **citron**
- **sel** et **poivre** du moulin
- 2 **poitrines de poulet** coupées en deux dans le sens de l'épaisseur

- 6 c. à soupe de **mayonnaise**
- 150 g de **fromage brie** en tranches minces
- 4 **pains à paninis** tranchés en deux
- 250 ml (1 tasse) d'**épinards** frais, hachés finement

VARIANTE
Garnir de mâche
ou de roquette au lieu
d'épinards.

1 - Mélanger le pesto, les tomates séchées, le jus de citron, le sel et le poivre au mélangeur ou au robot culinaire.

2 - Verser la moitié de la sauce dans un grand sac à congélation. Y mettre les poitrines de poulet, bien les enrober, enlever l'excédent d'air et fermer hermétiquement. Laisser mariner au réfrigérateur de 1 à 2 heures.

3 - Entre-temps, dans un bol, fouetter le reste de la sauce avec la mayonnaise. Réfrigérer.

4 - Égoutter les poitrines et jeter la marinade. Griller les poitrines au barbecue ou à la poêle, sur feu moyen, de 5 à 7 minutes de chaque côté. Déposer le brie sur le dessus des poitrines un peu avant la fin de la cuisson pour le faire fondre légèrement.

5 - Griller les moitiés de pain à panini et badigeonner l'intérieur de la mayonnaise au pesto. Déposer chaque poitrine sur une moitié de pain et ajouter de la mayonnaise au pesto. Recouvrir d'épinards et d'une autre moitié de pain à panini.

Qui a besoin de jambon ou de rosbif ? Ce délice végétarien saura combler les plus gros appétits et les plus fines bouches.

Sandwichs aux légumes grillés

4 SANDWICHS · **PRÉPARATION:** 12 MINUTES · **CUISSON:** 8 MINUTES (BARBECUE) OU 25 MINUTES (FOUR)

- 2 grosses **tomates** fermes mais mûres, coupées chacune en quatre tranches
- 1 **aubergine japonaise** non pelée, coupée en tranches de 1 cm (1/2 po)
- 1 **courgette** jaune ou verte, coupée diagonalement en huit longues tranches de 0,5 cm (1/4 po) d'épaisseur
- 1 **poivron rouge** en quartiers
- 1 petit **oignon rouge** coupé en deux, puis en quartiers
- 1 c. à soupe d'**huile d'olive extra vierge**
- 2 c. à thé de **vinaigre balsamique**
- 1 c. à thé de **basilic séché** ou d'origan séché
- 1/2 c. à thé de **sel**
- 1/2 c. à thé de **poivre**
- 8 grosses tranches de **focaccia** ou de pain croûté
- 60 ml (1/4 tasse) de **mayonnaise légère**
- 2 c. à thé de **moutarde de Dijon**
- 1 c. à thé de **miel liquide**
- 1 c. à soupe de **coriandre fraîche** hachée ou de basilic

1 - Huiler la grille du barbecue et préchauffer à intensité moyenne-élevée. Ou préchauffer le four à 190 °C (375 °F). Dans un grand bol, déposer les tomates et les légumes. Arroser de l'huile d'olive et du vinaigre balsamique. Parsemer de basilic, de sel et de poivre. Mélanger.

2 - Déposer les tomates et les légumes sur la grille du barbecue ou sur une plaque à cuisson pour le barbecue. Cuire jusqu'à ce qu'ils soient tendres et portent les marques de la grille, 4 ou 5 minutes de chaque côté – les tomates cuisent plus rapidement. Déposer les morceaux dès qu'ils sont cuits, au fur et à mesure, dans une grande assiette. Quand de l'espace se libère sur la grille, y faire griller le pain. Ou cuire les légumes au four sur une plaque à cuisson environ 25 minutes. Remuer deux fois en cours de cuisson.

3 - Dans un petit bol, mélanger la mayonnaise, la moutarde, le miel et la coriandre. En badigeonner les tranches de pain grillées. Répartir les tomates et les légumes sur quatre tranches de focaccia. Recouvrir des autres tranches de focaccia.

Des pommes, un chutney à la mangue, de fines tranches d'oignon rouge et de sublimes morceaux de canard confit : même sur papier, ce sandwich du Boris Bistro fait saliver.

Club sandwich au canard confit

1 SANDWICH · **PRÉPARATION:** 5 MINUTES

- 2 c. à thé de **mayonnaise**
- 1 c. à thé de **chutney à la mangue** (facultatif)*
- 3 tranches de **pain aux noix**
- 1/2 cuisse de **canard confit** désossée
- quelques tranches minces de **céleri**
- quelques tranches minces d'**oignon rouge**
- quelques tranches minces de **pomme** (les tremper dans un peu d'eau citronnée pour les empêcher de noircir)
- **luzerne** ou pousses de chou rouge (facultatif)

1 - Dans un petit bol, mélanger la mayonnaise et le chutney. Badigeonner de ce mélange un côté de chaque tranche de pain.

2 - Recouvrir une tranche de pain du confit de canard et des tranches de céleri. Placer une deuxième tranche de pain et y ajouter les tranches d'oignon et de pomme. Ajouter de la luzerne, si désiré. Recouvrir de la dernière tranche de pain. Faire tenir le sandwich avec des cure-dents. Accompagner de frites ou de croustilles.

* On trouve du chutney à la mangue au rayon des petits condiments exotiques dans les épiceries.

PLATS PRINCIPAUX

Des pâtes raffinées et vite faites. Le plat parfait pour une réception impromptue.

Pappardelle, sauce au canard confit

4 PORTIONS · **PRÉPARATION:** 10 MINUTES · **CUISSON:** 15 MINUTES

- 450 g de **pappardelle** ou de tagliatelle
- 2 **cuisses de canard confit** maison ou du commerce, peau retirée
- 3 c. à soupe d'**huile d'olive extra vierge**
- 2 **échalotes françaises** émincées
- 160 ml (2/3 tasse) de **fond brun** ou de demi-glace

- 1 barquette de **tomates cerises** coupées en deux et épépinées
- 180 ml (3/4 tasse) de feuilles de **persil italien** hachées
- 3 c. à soupe de **beurre**
- **sel** et **poivre** du moulin

1 - Cuire les pappardelle dans de l'eau bouillante salée, selon les instructions sur l'emballage, jusqu'à ce qu'elles soient al dente. Égoutter en gardant 250 ml (1 tasse) d'eau de cuisson pour allonger la sauce au besoin.

2 - Désosser les cuisses de canard et effilocher la viande – pour faciliter la manipulation, faire tiédir la viande au micro-ondes 25 secondes. Réserver.

3 - Dans une grande casserole, chauffer l'huile. Y faire suer les échalotes doucement 3 minutes. Ajouter la chair de canard et cuire 2 minutes. Ajouter le fond brun et laisser mijoter 5 minutes. Ajouter les tomates et le persil.

4 - Verser les pâtes dans la sauce et mélanger. Ajouter le beurre et un peu d'eau de cuisson au besoin. Faire réchauffer. Saler et poivrer. Servir immédiatement.

Le côté salé du fromage, la délicate astringence du rapini et le goût sucré du poivron se marient dans un parfait équilibre. Pour les jeunes enfants ou ceux qui n'apprécient pas le côté amer, vous pouvez remplacer le rapini par du brocoli.

Orecchiette au romano, au rapini et au poivron jaune

3 OU 4 PORTIONS · **PRÉPARATION:** 6 MINUTES · **CUISSON:** 18 MINUTES

- 1 paquet de 450 à 500 g d'**orecchiette**
- 1 **rapini** ou un petit brocoli, coupé grossièrement (tiges, fleurettes et feuilles)
- 80 ml (1/3 tasse) d'**huile d'olive extra vierge**
- 1 grosse gousse d'**ail** coupée en deux

- 1 **poivron jaune** égrené et coupé en lanières
- 1/4 à 1/2 c. à thé de **chili broyé**
- 1/4 c. à thé de **poivre noir** du moulin
- 250 ml (1 tasse) de **fromage romano**, parmesan ou feta, émietté

NOTE
Les orecchiette, qui sont en forme d'oreille, retiennent bien les sauces, et le rapini, très apprécié des Italiens, est un légume vert au goût amer qui rappelle le brocoli.

1 - Cuire les pâtes en suivant les instructions sur l'emballage, jusqu'à ce qu'elles soient al dente – 5 minutes avant la fin de la cuisson, ajouter les tiges de rapini.

2 - Entre-temps, dans une casserole, sur feu moyen-doux, chauffer l'huile et y faire infuser l'ail 3 ou 4 minutes. Retirer l'ail. Dans la même huile, faire revenir le poivron jusqu'à ce qu'il soit tendre, environ 8 minutes. Ajouter le chili broyé, le poivre, ainsi que les fleurettes et les feuilles de rapini.

3 - Égoutter les pâtes et les tiges de rapini. Mélanger avec les légumes. Ajouter le fromage.

Ces pâtes toutes simples deviendront rapidement un classique des soirs de semaine... et pourquoi pas de certains soirs de fête.

Spaghettis au thon

4 PORTIONS · **PRÉPARATION:** 10 MINUTES · **CUISSON:** 8 MINUTES

- 450 g de **spaghettis**
- 60 ml (1/4 tasse) d'**huile d'olive extra vierge**
- 4 **poivrons rouges rôtis** en pot, égouttés et coupés en lanières
- 2 boîtes de 120 g de **thon blanc émietté**, égoutté

- 1 sac de 284 g de **jeunes épinards**
- 80 ml (1/3 tasse) d'**olives noires Kalamata**, dénoyautées et coupées en deux
- 60 ml (1/4 tasse) de **pignons** rôtis
- zeste et jus de 1 **citron**
- 1 c. à thé d'**origan séché**
- 1/2 c. à thé de **sel**

1 - Cuire les pâtes dans de l'eau bouillante salée, selon les instructions sur l'emballage, jusqu'à ce qu'elles soient al dente. Les égoutter et les remettre dans la casserole, sur feu éteint.
2 - Incorporer l'huile. Ajouter les autres ingrédients et remuer jusqu'à ce que les épinards ramollissent. Vérifier l'assaisonnement et servir.

VARIANTES
Ajouter du feta ou du fromage de chèvre émietté, de l'ail, des anchois hachés, des tomates séchées... Garnir de basilic frais, de coriandre, de copeaux de parmesan...

*Vite fait, bien fait,
ce plat tout-en-un
déborde de saveurs.*

Fettucine au poulet à l'italienne

4 À 6 PORTIONS · **PRÉPARATION:** 15 MINUTES · **CUISSON:** 15 MINUTES

- 1 paquet de 450 g de **fettucine**
- 1 c. à thé d'**huile d'olive extra vierge**
- 6 **oignons verts** coupés en biais
- 4 moitiés de **tomates séchées** conservées dans l'huile, égouttées et hachées grossièrement
- 80 ml (1/3 tasse) d'**olives noires Kalamata**, dénoyautées et coupées en deux
- 2 gousses d'**ail** hachées ou 1 c. à thé d'ail haché en pot

- 1/2 c. à thé de **romarin séché**
- 1/2 c. à thé d'**origan séché** ou de basilic séché
- 1/2 c. à thé de **poivre noir**
- 1 **poulet rôti** en morceaux ou 1 litre (4 tasses) de poulet cuit, coupé en languettes
- 1 boîte (284 ml) de **bouillon de poulet**
- 60 ml (1/4 tasse) de **vin blanc sec** (facultatif)
- 125 g de **fromage de chèvre crémeux**, émietté

1 - Cuire les pâtes dans de l'eau bouillante salée, selon les instructions sur l'emballage, jusqu'à ce qu'elles soient al dente. Les égoutter. Réserver 250 ml (1 tasse) d'eau de cuisson pour allonger la sauce au besoin.

2 - Dans une grande casserole, sur feu moyen, chauffer l'huile. Ajouter les oignons verts, les tomates séchées, les olives, l'ail, le romarin, l'origan et le poivre. Cuire, en remuant souvent, jusqu'à ce que les oignons verts s'attendrissent, environ 2 minutes. Incorporer le poulet.

3 - Augmenter à feu vif. Ajouter le bouillon et le vin. Amener à ébullition et laisser mijoter, en remuant de temps à autre, jusqu'à ce que le liquide ait réduit du tiers, environ 3 minutes. Incorporer les pâtes et le fromage de chèvre. Remuer jusqu'à ce que le fromage soit fondu. Servir sans tarder.

*Le barbecue donnera à cette pâte
garnie de légumes le goût fumé d'une
pizza cuite au four à bois.*

Pizza aux légumes grillés

2 PETITES PIZZAS · **PRÉPARATION:** 5 MINUTES · **CUISSON:** 14 MINUTES

- 1 **courgette** coupée en tranches de 0,5 cm (1/4 po)
- 2 **oignons verts** entiers
- 4 c. à soupe d'**huile d'olive extra vierge**
- **sel** et **poivre**
- **basilic séché**

- 2 c. à soupe de **pesto de tomates séchées**
- 1 boule de **pâte à pizza*** ou 1 gros pain naan indien coupé en deux
- 8 **tomates cerises** entières ou coupées en deux
- 130 g (1/2 tasse) de **fromage de chèvre** ou feta

VARIANTE
Les associations de garnitures sont infinies, on laisse aller son imagination: poires-roquette-fromage bleu, pancetta-champignons-gruyère, oignons caramélisés-emmenthal…

1 - Préchauffer le gril du four. Dans un grand bol, déposer la courgette. Ajouter les oignons verts. Verser juste assez d'huile pour enrober le tout. Ajouter de généreuses pincées de sel, de poivre et de basilic. Remuer. Déposer sur une plaque à cuisson. Cuire jusqu'à ce que les tranches de courgette soient tendres et légèrement carbonisées, environ 3 minutes de chaque côté. Retirer aussitôt du four.

2 - Entre-temps, dans un petit bol, mélanger le pesto et 2 c. à soupe d'huile d'olive.

3 - Préchauffer le four à 220 °C (425 °F). Trancher les oignons verts grillés sur la longueur. Abaisser la pâte à pizza sur une surface farinée pour en faire deux petites pizzas. Badigeonner légèrement la pâte ou le pain d'huile d'olive. Déposer sur une plaque à cuisson et y étendre le mélange de pesto et d'huile d'olive. Garnir de la courgette, des oignons verts, des tomates et du fromage. Cuire au four de 8 à 10 minutes. Servir aussitôt.

Voir recette en page 216

Parfaite pour un lunch ou un
brunch express, une variation sur
le thème du croque-monsieur.

Pizza aux endives et au jambon

2 PIZZAS · **PRÉPARATION:** 10 MINUTES · **CUISSON:** 12 MINUTES

- 1 c. à soupe d'**huile d'olive extra vierge**
- 2 **échalotes françaises** émincées
- 2 **endives** émincées dans le sens de la longueur
- **sel** et **poivre**
- 2 **croûtes à pizza** individuelles* très minces ou de style pain plat italien

- 2 c. à thé de **moutarde de Dijon**
- 180 ml (3/4 tasse) de **jambon** tranché ou effiloché
- 180 ml (3/4 tasse) de **fromage** (cheddar fort ou gruyère) râpé

1 - Préchauffer le four à 220 °C (425 °F). Dans une poêle, sur feu moyen, chauffer l'huile d'olive et y déposer les échalotes et les endives. Cuire en remuant de temps à autre jusqu'à ce que les légumes soient légèrement colorés, de 6 à 8 minutes. Saler légèrement et poivrer. Réserver.

2 - Déposer les croûtes à pizza sur une plaque à cuisson. Les badigeonner de moutarde. Garnir de jambon, puis des endives et des échalotes. Y répartir le fromage.

3 - Cuire au centre du four pour la pâte mince ou dans le bas du four pour la pâte de style pain plat, de 5 à 8 minutes. Puis cuire sous le gril si désiré jusqu'à ce que le fromage commence à colorer, environ 1 minute.

* Voir recette en page 216.

TRUC
Retirer le cœur blanc à la base des endives avec la pointe d'un couteau d'office pour réduire l'amertume.

105

*Un plat aigre-doux, délicieux
avec une purée de légumes-racines
et des légumes verts.*

Poulet aux canneberges, au thym et à l'érable

4 PORTIONS · **PRÉPARATION:** 15 MINUTES · **CUISSON:** 1 HEURE 20 MINUTES

- 4 c. à soupe de **farine tout usage**
- 4 **cuisses de poulet**, sans la peau
- 2 c. à soupe d'**huile d'olive extra vierge**
- 2 ou 3 branches de **thym frais**
- 2 **oignons** émincés

- 500 ml (2 tasses) de **canneberges**, fraîches ou surgelées
- 250 ml (1 tasse) de **jus de pomme**
- 160 ml (2/3 tasse) de **sirop d'érable**
- **sel** et **poivre**

VARIANTE
Remplacer le jus de pomme par du jus d'orange et le sirop d'érable par 125 ml (1/2 tasse) de miel.

1 - Préchauffer le four à 175 °C (350 °F). Fariner les cuisses de poulet et bien les secouer pour enlever l'excédent. Dans une poêle antiadhésive, chauffer l'huile. Y faire dorer les cuisses de poulet, environ 2 minutes de chaque côté, puis les déposer dans un plat en pyrex ou une rôtissoire. Ajouter le thym, les oignons, les canneberges, le jus de pomme et le sirop d'érable. Saler et poivrer.

2 - Cuire au four, à découvert, environ 1 heure 15 minutes, en remuant aux 15 ou 20 minutes. Retirer les branches de thym avant de servir avec des haricots verts.

La lime ajoute de la fraîcheur et un bon petit goût acidulé au poulet grillé.

Poulet au chili, à la lime et à l'ail rôti

4 PORTIONS · **PRÉPARATION:** 15 MINUTES · **CUISSON:** 1 HEURE · **ATTENTE:** 10 MINUTES

- 1 **poulet** de 1,5 kg (3 1/4 lb)
- 2 têtes d'**ail** entières non pelées
- **huile d'olive extra vierge**
- 2 **limes** (râper le zeste de 1 lime et couper l'autre lime en tranches épaisses)

- 1 c. à soupe de **beurre** à température ambiante
- 1/2 c. à thé de **sel**
- 1/2 c. à thé de **poivre noir** du moulin
- 1/4 c. à thé de **chili broyé**

1 - Préchauffer le four à 190 °C (375 °F). Déposer le poulet sur une planche à découper, poitrine dessous. À l'aide de ciseaux de cuisine ou d'un couteau bien affûté, en commençant par le cou, prélever l'os du dos en coupant de chaque côté – le réserver pour faire un bouillon*. Retourner le poulet. Avec les mains, presser la poitrine et l'aplatir. Assécher le poulet avec des essuie-tout.

2 - Trancher le tiers supérieur des têtes d'ail. Badigeonner d'un peu d'huile d'olive.

3 - Dans un petit bol, mélanger le zeste de lime, le beurre, le sel, le poivre et le chili. En enrober la peau du poulet. Au centre d'une lèchefrite, étendre les tranches de lime et y déposer le poulet, poitrine vers le haut. Placer les têtes d'ail à côté et les recouvrir de papier d'aluminium.

4 - Cuire, à découvert, au centre du four, 50 minutes; arroser de temps à autre pendant les 20 dernières minutes de cuisson. Augmenter la température du four à 200 °C (400 °F). Rôtir environ 10 minutes, ou jusqu'à ce que la peau soit dorée et croustillante et qu'un thermomètre à viande inséré dans une cuisse atteigne 77 °C (170 °F). Déposer sur une planche à découper. Laisser reposer 10 minutes avant de découper.

5 - Couper les têtes d'ail en deux. Déposer le poulet sur une assiette de service. Placer les têtes d'ail à côté, ou presser les gousses et étendre la purée d'ail sur la volaille.

Voir recette en page 216

NOTE
Si vous n'avez pas la main sûre, demandez à votre boucher de préparer votre poulet en crapaudine.

On redonne ses lettres de noblesse au blanc de poulet avec cette recette rapide, qui saura plaire aux petits et aux grands.

Poulet à la grecque aux fines herbes

4 PORTIONS · **PRÉPARATION:** 10 MINUTES · **CUISSON:** 35 MINUTES

- 2 c. à soupe d'**huile d'olive extra vierge**
- 4 **poitrines de poulet** désossées, sans la peau
- 1 gros **oignon** haché grossièrement
- 2 gousses d'**ail** hachées
- 125 ml (1/2 tasse) de **vin blanc sec**
- 4 **tomates** hachées

- 60 ml (1/4 tasse) de **basilic frais**, haché
- 1 c. à thé d'**origan séché**
- 125 ml (1/2 tasse) d'**olives noires Kalamata**, dénoyautées
- **sel** et **poivre noir** du moulin
- 125 ml (1/2 tasse) de **fromage feta** émietté
- 60 ml (1/4 tasse) de **persil frais**, haché

1 - Dans une grande casserole, sur feu moyen-vif, chauffer l'huile. Ajouter le poulet et cuire, en retournant une fois, jusqu'à ce qu'il soit légèrement doré, environ 4 minutes de chaque côté. Réserver dans un plat.

2 - Dans la casserole, ajouter l'oignon et l'ail et laisser ramollir, en remuant, environ 5 minutes. Y verser le vin et remuer, en raclant le fond de la casserole pour en détacher les sucs. Laisser bouillir jusqu'à ce que le vin soit presque entièrement évaporé, environ 5 minutes. Incorporer les tomates avec leur jus, le basilic, l'origan et les olives. Saler et poivrer. Amener le mélange à ébullition, puis laisser mijoter sur feu moyen, à découvert, en remuant de temps à autre, jusqu'à ce que les tomates se défassent et que le liquide ait réduit de moitié, environ 10 minutes.

3 - Remettre le poulet et son jus dans la casserole. Couvrir et laisser mijoter jusqu'à ce que la viande soit ferme au toucher, de 5 à 6 minutes de chaque côté. Garnir de feta et de persil et servir.

*Avertissement : cette somptueuse tourte, signée par
la chef traiteur Denise Cornellier, pourrait provoquer
des soupirs de pâmoison chez les convives.*

Tourte de volaille
à l'embeurrée de chou

6 PORTIONS · **PRÉPARATION:** 25 MINUTES · **CUISSON:** 1 HEURE 10 MINUTES · **ATTENTE:** 3 HEURES

EMBEURRÉE DE CHOU
- 8 litres (2 tasses) de feuilles
  de **chou de Savoie** (vert foncé,
  de préférence)
- 80 ml (1/3 tasse) de **lard fumé**,
  coupé en lardons
- 2 c. à soupe de **beurre**
- 4 ou 5 gousses d'**ail** dégermées
  et hachées
- 125 ml (1/2 tasse) d'**oignon**
  émincé
- 80 ml (1/3 de tasse) de **crème 35 %**
- **sel fin** et **poivre noir** du moulin

TOURTE
- 500 g de **pâte feuilletée** ou de **pâte brisée**:
  1 abaisse de 23 cm (9 po) de diamètre
  et 1 abaisse de 28 cm (11 po)
- 2 **crêpes fines salées** de 20 cm (8 po)
  ou feuilles de chou blanchies et asséchées
- 600 g (1 1/4 lb) de **poitrines de poulet**
  désossées, coupées en gros morceaux
- **sel fin**
- **poivre blanc** du moulin
- 750 ml (3 tasses) d'**embeurrée de chou**
  (recette ci-dessous)
- 1 **œuf** battu

NOTE
On trouve
d'excellentes
pâtes feuilletées
du commerce au
rayon des surgelés.
Privilégier une
pâte feuilletée
au beurre.

1 - Pour la préparation de l'embeurrée de chou : dans une grande casserole d'eau bouillante salée, blanchir les feuilles de chou environ 3 minutes. Bien égoutter. Laisser refroidir et ciseler. Réserver.

2 - Dans une autre casserole d'eau bouillante, blanchir les lardons 2 minutes pour les dessaler. Rincer et égoutter.

3 - Dans une poêle, chauffer le beurre sur feu moyen. Y faire suer les lardons environ 3 minutes. Ajouter l'ail et l'oignon, puis le chou blanchi. Cuire 5 minutes. Ajouter la crème et faire mijoter sur feu doux 10 minutes ou jusqu'à ce que le chou soit tendre. Rectifier l'assaisonnement et laisser refroidir.

4 - Pour la préparation de la tourte : déposer la plus petite abaisse de pâte sur une surface farinée. Poser une crêpe par-dessus. Elle absorbera le liquide. Sinon, utiliser des feuilles de chou blanchies. Déposer la moitié du poulet, saler et poivrer. Ajouter l'embeurrée de chou, puis le reste du poulet. Saler et poivrer. Recouvrir de l'autre crêpe, puis de l'abaisse de 28 cm (11 po). Bien presser le pourtour pour fermer la tourte. Badigeonner la surface de la tourte d'œuf battu. Laisser refroidir au moins 3 heures.

5 - Préchauffer le four à 200 °C (400 °F). Mettre la tourte sur une plaque à cuisson tapissée de papier sulfurisé (parchemin). Cuire au four 15 minutes; réduire la température à 190 °C (375 °F) et poursuivre la cuisson de 30 à 45 minutes. Piquer une broche de métal au centre de la tourte; si elle en ressort tiède plutôt que bien chaude, la cuisson n'est pas terminée.

Encouragez les éleveurs d'ici.
Vous pouvez cuisiner ce plat avec de
l'agneau du Québec, si savoureux !

Côtelettes d'agneau
à la fleur d'ail

4 PORTIONS · **PRÉPARATION:** 3 MINUTES · **CUISSON:** 6 MINUTES · **ATTENTE:** 1 HEURE

- 4 c. à soupe de **fleur d'ail à l'huile***
- 8 **côtelettes d'agneau**
- **sel** et **poivre**

1 - Badigeonner les côtelettes de la moitié de la fleur d'ail, couvrir et laisser reposer 1 heure.
2 - Dans une poêle, sur feu vif, faire griller les côtelettes 3 ou 4 minutes de chaque côté. Saler et poivrer, puis garnir du reste de la fleur d'ail. Servir dans des assiettes chaudes, accompagnées de légumes grillés.

* On trouve la fleur d'ail à l'huile dans les bonnes épiceries.

TRUC
Pour que les côtelettes soient le plus tendres possible, les sortir du réfrigérateur 30 minutes avant de les cuire.

*Cet incontournable de la cuisine
réconfort est revu et réinventé grâce à
un choix judicieux d'assaisonnements.*

Gigot d'agneau et légumes caramélisés

6 À 8 PORTIONS · **PRÉPARATION:** 15 MINUTES · **CUISSON:** 1 HEURE 15 MINUTES · **ATTENTE:** 10 MINUTES

- 1 **gigot d'agneau** de 2 kg (4 1/2 lb) avec l'os
- 1 c. à soupe de **graines de coriandre** écrasées grossièrement
- 2 c. à thé d'**origan séché**
- 1 c. à thé de **sel d'ail**
- 1/2 c. à thé de **gros sel** (kascher ou de mer)
- 1 c. à thé de **chili en poudre**
- 1 c. à thé de **gingembre en poudre**
- 1 c. à soupe d'**huile d'olive extra vierge**
- 250 ml (1 tasse) de **vin rouge sec** ou de jus de pomme

- 60 ml (1/4 tasse) de **vinaigre balsamique** ou de vinaigre de vin rouge
- 1 **courge poivrée** pelée (si désiré), égrenée et coupée en quartiers
- 2 **oignons** coupés en quartiers
- 125 ml (1/2 tasse) d'**olives noires** ou **vertes**, ou un mélange des deux (facultatif)
- 1 c. à thé de **thym séché**

1 - Préchauffer le four à 200 °C (400 °F). Dans une rôtissoire ou une lèchefrite, déposer le gigot.

2 - Dans un petit bol, mélanger la coriandre, l'origan, le sel d'ail, le gros sel, le chili et le gingembre. Huiler le gigot. L'enrober du mélange d'épices en pressant.

3 - Rôtir le gigot d'agneau au centre du four, à découvert, 20 minutes. Retirer du four. Verser le vin et le vinaigre dans la rôtissoire. Avec une cuillère en bois, décoller les sucs de cuisson. Placer la courge, les oignons et les olives autour de l'agneau. Les enrober de jus de cuisson. Parsemer de thym les légumes et le bouillon. Réduire la température du four à 190 °C (375 °F).

4 - Cuire le gigot de 55 à 65 minutes, jusqu'à ce qu'un thermomètre à viande inséré dans sa partie la plus charnue atteigne 65 °C (150 °F) pour une viande mi-saignante; arroser une ou deux fois en cours de cuisson.

5 - Sur une planche à découper, déposer l'agneau. Recouvrir lâchement de papier d'aluminium. Laisser reposer 10 minutes. Réserver les légumes au chaud.

6 - Découper l'agneau. Arroser de jus de cuisson. Servir avec les légumes.

Un bon point en faveur du bison :
sa viande est très maigre. Dans cette
recette, il peut être remplacé par du
bœuf ou du veau.

Biftecks de bison grillés, crème de poivron et salade d'artichauts

4 PORTIONS · **PRÉPARATION:** 10 MINUTES · **CUISSON:** 35 MINUTES · **ATTENTE:** 20 MINUTES

CRÈME DE POIVRON
- 1 **poivron rouge**
- 1 c. à thé d'**huile d'olive extra vierge**
- 1 petit **oignon** émincé
- 80 ml (1/3 tasse) de **bouillon de bœuf** ou de poulet
- 1 c. à thé de **vinaigre balsamique**
- jus de 1 **orange**
- **sel** et **poivre**

SALADE D'ARTICHAUTS
- 1 boîte (398 ml) de **cœurs d'artichauts** coupés en quartiers
- 2 c. à thé d'**huile d'olive extra vierge**
- 1 gousse d'**ail** émincée
- 1 c. à soupe de **persil frais**, haché finement
- **sel** et **poivre**
- 100 à 150 g de **jeunes épinards**

- 4 **biftecks de bison** de 150 à 200 g chacun (ou tranches de cuisseau de veau ou biftecks)
- **sel** et **poivre** du moulin

1 - Pour la préparation de la crème de poivron : faire griller le poivron sous le gril du four jusqu'à ce que toute sa surface soit noircie, environ 20 minutes. Le retirer du four, le déposer dans un bol de verre et le couvrir d'une pellicule plastique. Quand il est assez refroidi pour être manipulé, en retirer la peau et les graines et couper la chair en cubes.

2 - Dans une petite casserole, chauffer l'huile d'olive et y faire revenir le poivron avec l'oignon, 2 minutes. Ajouter le bouillon, le vinaigre balsamique et le jus de l'orange. Laisser réduire de moitié sur feu vif, environ 5 minutes. Saler et poivrer. Réduire en purée au mélangeur. Réserver.

3 - Pour la préparation de la salade d'artichauts : mélanger les cœurs d'artichauts avec l'huile d'olive, l'ail et le persil. Saler et poivrer. Laisser reposer 20 minutes à température ambiante. Au moment de servir, incorporer les épinards dans la salade.

4 - Assécher les biftecks avec des essuie-tout. Saler et poivrer. Les faire griller dans une poêle à fond cannelé environ 3 minutes de chaque côté, ou selon le degré de cuisson désiré. Servir avec la crème de poivron et la salade d'artichauts.

Le beurre de pommes et le cidre de glace donnent un goût unique et délicat à ce jambon hypertendre. Impossible d'attendre jusqu'à Pâques !

Jambon au beurre de pommes

8 À 10 PORTIONS · **PRÉPARATION:** 35 MINUTES · **CUISSON:** 3 HEURES · **ATTENTE:** 2 FOIS 12 HEURES

- 1 **jambon avec l'os** d'environ 2,5 kg (5 1/2 lb)
- 2 **oignons** coupés en quartiers
- 2 **carottes** coupées en gros morceaux
- 3 **feuilles de laurier**
- **poivre** en grains
- 1 grosse **branche de thym**

- 1 petit **bâton de cannelle**
- 250 ml (1 tasse) de **beurre de pommes***
- 125 ml (1/2 tasse) de **cidre de glace**
- 2 c. à soupe de **beurre**
- 2 c. à soupe de **farine**
- **sel** et **poivre**

NOTE
Utiliser la deuxième eau de cuisson du jambon pour préparer une délicieuse soupe au chou ou à l'orge.

1 - Dans une grande casserole profonde, placer le jambon et le couvrir d'eau froide. Réfrigérer de 12 à 24 heures en changeant l'eau deux ou trois fois. Égoutter le jambon et jeter l'eau. Remettre le jambon dans la casserole. Ajouter les oignons, les carottes, les feuilles de laurier, les grains de poivre, le thym et la cannelle. Couvrir d'eau froide et porter à ébullition. Réduire le feu et laisser mijoter 1 heure.

2 - Jeter les légumes ou les garder pour un autre usage. Réfrigérer le jambon dans son bouillon jusqu'au lendemain.

3 - Deux heures avant de servir, préchauffer le four à 160 °C (325 °F). Égoutter le jambon. Réserver le bouillon. Enlever la gaine de coton du jambon. À l'aide d'un couteau, pratiquer des incisions en forme de losange sur le dessus du jambon. Le placer dans une rôtissoire. Verser du bouillon de cuisson pour couvrir le fond de la rôtissoire, environ (375 ml) 1 1/2 tasse.

4 - Cuire au four 1 heure en arrosant aux 20 minutes. Étendre sur le jambon le beurre de pommes – le faire ramollir au micro-ondes, au besoin. Poursuivre la cuisson 1 heure – à la mi-cuisson, arroser le jambon du bouillon de cuisson.

5 - Déposer le jambon sur une assiette de service ou une planche à découper et le couvrir de papier d'aluminium. Laisser reposer.

6 - Déglacer la rôtissoire avec le cidre. Laisser bouillir environ 1 minute. Ajouter 125 ml (1/2 tasse) du bouillon réservé et réchauffer. Au besoin, épaissir avec un peu de beurre manié (mélange moitié beurre fondu, moitié farine). Saler et poivrer.

7 - Trancher le jambon et servir accompagné de la sauce.

* On trouve du beurre de pommes dans la plupart des supermarchés et des épiceries fines.

Finis les petits lundis spaghettis !
Ce délicieux filet de porc aux saveurs
inusitées se prépare en quelques
minutes à peine et ne nécessite
que cinq ingrédients.

Porc aux poires et au romarin

3 À 4 PORTIONS · **PRÉPARATION:** 5 MINUTES · **CUISSON:** 20 MINUTES · **ATTENTE:** 5 MINUTES

- 1 **filet de porc** d'environ 350 g (3/4 lb)
- 2 c. à soupe d'**huile d'olive extra vierge**
- 1 c. à soupe de **moutarde de Dijon**
- **romarin frais**, haché

- 2 **poires** mûres mais fermes, coupées en deux sur la longueur et évidées
- 1 c. à soupe de **sirop d'érable** ou de miel

1 - Préchauffer le four à 200 °C (400 °F). Tapisser une plaque à cuisson de papier d'aluminium. Vaporiser d'huile. Déposer le filet de porc au centre.

2 - Dans un petit bol, mélanger l'huile d'olive, la moutarde et le romarin. Badigeonner entièrement le filet avec ce mélange.

3 - Arroser les demi-poires de sirop d'érable et frotter doucement pour le faire pénétrer dans la chair. Déposer les poires autour du filet, côté coupé vers le haut.

4 - Cuire au centre du four de 20 à 25 minutes ou jusqu'à ce qu'un thermomètre à viande inséré dans la partie la plus épaisse du filet atteigne 70 °C (158 °F). Retirer du four et laisser reposer 5 minutes.

5 - Couper en tranches épaisses. Servir accompagné de patates douces rôties et de brocoli vapeur.

*En mijotant doucement, les jarrets braisés répandent
leur délicieux parfum dans la cuisine. Nul besoin d'ajouter
que l'arôme est garant du goût.*

Jarrets braisés aux tomates séchées, aux oignons et au vinaigre balsamique

6 À 8 PORTIONS · **PRÉPARATION:** 15 MINUTES · **CUISSON:** 3 HEURES 30 MINUTES

- 6 ou 8 **jarrets de veau** ou de bœuf
- 2 à 3 c. à soupe de **farine tout usage**
- **huile végétale**
- 1 boîte (796 ml) de **tomates entières**, écrasées à la fourchette
- 2 c. à thé de **thym séché**
- 2 c. à thé d'**origan séché**
- 2 c. à thé de **graines de fenouil**
- 1 c. à thé de **sel**
- 1 c. à thé de **poivre**
- 2 tasses de **bouillon de poulet** du commerce ou maison*

- 8 **tomates séchées** conservées dans l'huile, hachées grossièrement
- 2 c. à soupe de **beurre**
- 3 **oignons** émincés
- 80 ml (1/3 tasse) de **vinaigre balsamique**

GREMOLATA
- 250 ml (1 tasse) de **persil frais** haché
- 3 gousses d'**ail** émincées
- 1 c. à soupe de zeste d'**orange** ou de citron, râpé

1 - Pour empêcher les jarrets de se déformer durant la cuisson, entailler les bords. Verser la farine dans un sac de plastique. Mettre deux ou trois jarrets à la fois dans le sac contenant la farine et remuer pour bien les enrober. Secouer l'excès de farine. Dans une grande casserole, chauffer l'huile sur feu moyen. Déposer les jarrets dans l'huile chaude, quelques-uns à la fois, pour ne pas encombrer la casserole. Dorer 3 ou 4 minutes de chaque côté – ajouter de l'huile au besoin. Déposer les jarrets dans une rôtissoire assez grande pour les contenir en une seule couche – conserver la farine restante.

2 - Dans un grand bol, déposer les tomates. Incorporer les assaisonnements et 250 ml (1 tasse) de bouillon. Ajouter les tomates séchées.

3 - Préchauffer le four à 150 °C (300 °F). Une fois tous les jarrets dorés, faire fondre le beurre dans la casserole. Y faire revenir les oignons jusqu'à ce qu'ils soient translucides, environ 5 minutes. Verser le vinaigre et remuer jusqu'à ce que le liquide soit absorbé en partie, environ 1 minute. Ajouter le reste de farine et remuer. Verser graduellement le reste du bouillon, en remuant. Ajouter le mélange de tomates et réchauffer en remuant environ 2 minutes.

4 - Verser la préparation sur la viande. Couvrir la rôtissoire avec le couvercle ou du papier d'aluminium. Cuire au four de 3 à 4 heures, en retournant les jarrets de temps à autre, jusqu'à ce qu'ils soient tendres à la fourchette et se détachent presque de l'os.

5 - Pour la préparation de la gremolata : mélanger le persil, l'ail et le zeste. En parsemer les jarrets et servir avec une polenta ou une purée de pommes de terre et carottes.

* Voir recette en page 216

NOTE
Ce plat gagne en saveur si on le prépare à l'avance. Mijoter la veille et réchauffer à feux doux avant de servir.

Une belle pièce de veau farcie aux champignons,
à la mozzarrella et au prosciutto : pas besoin
d'aller bien loin pour se sentir en Italie...

Veau à l'italienne

4 PORTIONS · **PRÉPARATION:** 15 MINUTES · **CUISSON:** 50 MINUTES · **ATTENTE:** 40 MINUTES

- 1 paquet (30 g) de **bolets séchés**
- 180 ml (3/4 tasse) d'**eau** chaude
- 1 **rôti d'épaule de veau** de 600 g (1 1/4 lb), désossé et ouvert en portefeuille
- 30 g de **prosciutto** en fines tranches (4 ou 5)
- 250 ml (1 tasse) de **fromage fontina** ou mozzarella râpé
- 2 c. à soupe de **persil italien frais**, haché finement

- 2 gousses d'**ail** pelées et coupées en lamelles
- 1 c. à soupe de **beurre**
- 1 c. à soupe d'**huile d'olive extra vierge**
- 125 ml (1/2 tasse) de **vin blanc sec**
- 125 ml (1/2 tasse) de **bouillon de veau** ou de poulet

NOTE
Pour préparer la polenta, amener à ébullition 1 tasse d'eau et 1 tasse de lait avec un peu d'huile d'olive. Y ajouter 2/3 de tasse de semoule et 1 tasse de parmesan en remuant sans arrêt jusqu'à ce que le mélange décolle de la casserole (environ 15 minutes).

1 - Rincer les champignons déshydratés à l'eau froide afin de bien les nettoyer. Les déposer dans un plat. Recouvrir d'eau chaude et laisser reposer à température ambiante 30 minutes.

2 - Déposer le rôti de veau sur une surface de travail. Étendre les tranches de prosciutto, le fromage, le persil et l'ail sur la viande en laissant une bordure de 1 cm (1/2 po). Enrouler la viande et la ficeler.

3 - Mettre les champignons dans une passoire en prenant soin de recueillir l'eau de trempage. Extraire le maximum d'eau des champignons en les pressant fortement dans la main.

4 - Dans une grande casserole, chauffer le beurre et l'huile d'olive. Ajouter les champignons, puis le veau, et cuire sur feu moyen, en tournant souvent, jusqu'à ce que les ingrédients soient légèrement dorés. Verser le vin et le bouillon. Couvrir et cuire sur feu moyen de 45 minutes à 1 heure, en tournant le veau à quelques reprises. Le retirer de la casserole et le déposer dans un plat de service. Laisser reposer 10 minutes avant de le découper.

5 - Entre-temps, laisser mijoter le jus de cuisson à découvert jusqu'à ce que le liquide ait réduit à 125 ml (1/2 tasse), environ 5 minutes.

6 - Couper la viande en tranches de 1 cm (1/2 po). Servir sur une polenta crémeuse avec des rapinis vapeur, des oignons et des poivrons grillés. Napper de sauce.

Les restes de rosbif s'apprêtent bien en panini aux poivrons grillés, en soupe vietnamienne ou en fricassée avec pommes de terre et oignons.

Rosbif en croûte au thym et au romarin

4 À 6 PORTIONS · **PRÉPARATION:** 10 MINUTES · **CUISSON:** 30 MINUTES · **ATTENTE:** 15 MINUTES

- 3 c. à soupe de **chapelure**
- 1 c. à soupe de **thym frais**, haché
- 1 c. à soupe de **romarin frais**, haché
- 3 c. à soupe de **pignons** hachés
- 1 **rôti de surlonge** ou d'aloyau de bœuf de 800 g à 1 kg (1 3/4 à 2 1/4 lb)

- **sel** et **poivre**
- 3 c. à soupe de **moutarde de Dijon**
- **demi-glace** ou autre sauce

NOTE
Lorsqu'on utilise un thermomètre à viande, prévoir que la température du rosbif continuera d'augmenter de 5 °C après sa sortie du four.

1 - Préchauffer le four à 160 °C (325 °F). Dans un bol, mélanger la chapelure, le thym, le romarin et les pignons. Réserver.

2 - Dans une rôtissoire, déposer le rôti. Saler et poivrer généreusement. Badigeonner le rosbif de moutarde. Y saupoudrer le mélange de chapelure et presser légèrement pour qu'il adhère à la viande. Pour un rôti mi-saignant, cuire au four de 35 à 40 minutes ou jusqu'à ce que la température au centre de la pièce de viande soit de 60 °C (140 °F). Voir le tableau de cuisson ci-dessous.

3 - Placer le rôti sur une planche à découper, le couvrir de papier d'aluminium. Laisser reposer 15 minutes avant de trancher. Servir avec la demi-glace.

TABLEAU DE CUISSON DU ROSBIF À 160 °C (325° F)

VIANDE	TEMPÉRATURE DU ROSBIF	TEMPS DE CUISSON PAR KG
SAIGNANTE	55-60 °C (130-140 °F)	35-40 MINUTES
MI-SAIGNANTE	60-65 °C (140-150 °F)	40-45 MINUTES
BIEN CUITE	65-75 °C (150-167 °F)	45-55 MINUTES

Le chimichurri est à la cuisine argentine ce que le pesto est à la cuisine méditerranéenne : il apporte des notes piquantes qui s'harmonisent aux grillades.

Biftecks grillés à la sauce chimichurri

6 PORTIONS · **PRÉPARATION :** 20 MINUTES · **CUISSON :** 6 MINUTES

SAUCE CHIMICHURRI
- 3 **oignons verts** hachés finement
- 2 **échalotes françaises** hachées finement
- 1/2 **piment jalapeño** égrené et haché finement
- 250 ml (1 tasse) de **coriandre fraîche**, hachée finement
- 125 ml (1/2 tasse) de **persil frais**, haché finement
- 1 c. à soupe d'**origan séché**
- 1/4 c. à thé de **sel**
- 180 ml (3/4 tasse) d'**huile d'olive**
- 60 ml (1/4 tasse) de **vinaigre de vin rouge**

BIFTECKS GRILLÉS
- 6 **biftecks de surlonge** d'au moins 2,5 cm (1 po) d'épaisseur
- **huile d'olive**
- **sel** et **poivre**

1 - Pour la préparation de la sauce chimichurri : dans le récipient d'un robot culinaire, mettre les oignons verts, les échalotes, le demi-piment, la coriandre, le persil, l'origan et le sel. Mélanger. Ajouter l'huile et le vinaigre en même temps – la sauce ne doit pas devenir lisse.
2 - Pour la préparation des biftecks grillés : huiler la grille du barbecue et préchauffer à intensité moyenne-élevée ou chauffer une grande poêle. Badigeonner les biftecks d'huile. Faire griller au barbecue, à découvert, 3 ou 4 minutes de chaque côté, pour une viande mi-saignante. Ou cuire sur feu moyen-vif. Cuire deux ou trois biftecks à la fois, au besoin. Saler et poivrer. Napper d'une cuillerée de sauce chimichurri. Servir avec des pommes de terre frites.

Bifteck + sauce de poisson + jus de lime? Résultat étonnant... et surtout délicieux.

Nouilles thaïes au bœuf

2 OU 3 PORTIONS · **PRÉPARATION:** 10 MINUTES · **CUISSON:** 4 MINUTES · **ATTENTE:** 10 MINUTES

VINAIGRETTE THAÏE
- 2 c. à soupe de **jus de lime**
- 2 c. à soupe de **sucre**
- 1 c. à thé d'**huile de sésame grillé**
- 4 c. à thé de **sauce au poisson** (nuoc-mãm)
- 2 c. à thé de **sauce au piment et à l'ail**

- 1/4 de paquet de 250 g de **vermicelles de riz**
- 1 c. à soupe d'**huile végétale**
- **sel** et **poivre**
- 2 **biftecks de surlonge** d'au moins 2,5 cm (1 po) d'épaisseur
- 2 **carottes** coupées en lanières
- 125 ml (1/2 tasse) de feuilles de **menthe fraîche**

VARIANTE
Pour une explosion de textures et de saveurs, ajouter à la toute fin des germes de haricots (fèves germées) et de la coriandre fraîche.

1 - Pour la préparation de la vinaigrette: dans un petit bol, mettre le jus de lime, le sucre, l'huile de sésame et les sauces. Remuer jusqu'à ce que le sucre soit dissous. Réserver.

2 - Dans un grand bol, couper les vermicelles à l'aide de ciseaux. Recouvrir d'eau bouillante et remuer. Laisser reposer 5 minutes, jusqu'à ce qu'ils soient tendres. Bien égoutter et remettre dans le bol. Arroser de la moitié de la vinaigrette et remuer.

3 - Badigeonner d'huile une grande poêle. Saler et poivrer les deux côtés du bifteck. Sur feu vif, cuire la viande 2 ou 3 minutes de chaque côté. Laisser reposer 5 minutes.

4 - Trancher finement la viande et l'ajouter aux nouilles. Incorporer le reste de la vinaigrette, les carottes et la menthe. Servir aussitôt.

*On peut savourer ce bœuf aux
parfums d'Orient de plusieurs façons.
Sa marinade polyvalente, à base de
sauce soya et d'huile de sésame, en
fera un succès assuré !*

Bœuf à l'orange et au gingembre à l'orientale

6 À 8 PORTIONS · **PRÉPARATION:** 10 MINUTES · **CUISSON:** 25 MINUTES · **ATTENTE:** 4 HEURES

MARINADE À L'ORIENTALE
- 500 ml (2 tasses) de **jus d'orange**
- 60 ml (1/4 tasse) de **miel liquide**
- 60 ml (1/4 tasse) de **sauce soya**
- 60 ml (1/4 tasse) de **gingembre frais**, râpé ou 3 c. à soupe de gingembre haché en pot
- 4 gousses d'**ail** émincées ou 2 1/2 c. à thé d'ail haché en pot
- 1 c. à soupe d'**huile de sésame grillé**
- 1 c. à thé de **chili broyé**

- 1,5 kg (3 1/4 lb) de **bifteck de pointe de surlonge** de 2,5 cm (1 po) d'épaisseur
- 1 c. à thé de **sel**
- **huile végétale**
- 1 c. à soupe de **fécule de maïs**
- 2 c. à soupe d'**eau**

1 - Pour la préparation de la marinade : fouetter le jus d'orange avec le miel, la sauce soya, le gingembre, l'ail, l'huile de sésame et le chili broyé.

2 - Mettre la viande dans un sac de plastique et y verser la marinade. Presser le sac pour en retirer l'air et fermer hermétiquement à l'aide d'un élastique enroulé le plus près possible de la viande. Laisser mariner au moins 4 heures ou toute une nuit.

3 - Ramener la viande à température ambiante avant de la cuire. La retirer du sac en égouttant la marinade et assécher avec des essuie-tout. Réserver la marinade.

4 - Préchauffer le four à 230 °C (450 °F). Dans une grande poêle, sur feu vif, chauffer un peu d'huile végétale et y faire dorer la viande environ 3 minutes de chaque côté. Saler en cours de cuisson. Retirer la viande dès qu'elle est cuite et la déposer sur une plaque à cuisson tapissée de papier d'aluminium. Cuire au four de 10 à 15 minutes, selon la cuisson désirée.

5 - Entre-temps, déposer la poêle sur feu moyen-vif et y verser la marinade. Réchauffer en raclant le fond de la poêle avec une cuillère en bois. Porter à ébullition et cuire 5 minutes en remuant. Mélanger la fécule de maïs et l'eau, et remuer jusqu'à dissolution. Incorporer à la marinade et cuire, en remuant constamment, jusqu'à ce que la sauce soit épaisse. Réserver au chaud.

6 - Retirer la viande du four et la déposer sur une planche à découper. Recouvrir lâchement de papier d'aluminium et laisser reposer 5 minutes.

7 - Découper le bifteck en languettes. Servir sur un lit de riz et napper de sauce. Accompagner de haricots verts, d'épinards et de petits pois sautés.

VARIANTES
Mélanger la viande cuite avec sa sauce et réfrigérer jusqu'à trois jours. Réchauffer dans une poêle avec des poivrons en julienne et du bok choy. Mélanger à des nouilles de riz. Ou encore enrouler la viande dans des tortillas chaudes avec de la coriandre hachée, de la sauce au piment et à l'ail ou des tomates hachées.

La garniture aux herbes
toute simple met en valeur
la fraîcheur du poisson.

Poisson blanc aux herbes

4 PORTIONS · **PRÉPARATION:** 5 MINUTES · **CUISSON:** 12 MINUTES

- **sel** et **poivre**
- 4 filets de 175 à 200 g chacun de **poisson à chair blanche** (flétan, morue, tilapia)
- 1/2 c. à soupe d'**huile d'olive extra vierge**
- 2 gousses d'**ail** émincées
- 1 botte d'**oignons verts** coupés en biais

- 2 c. à soupe d'**aneth frais**, haché finement
- 250 ml (1 tasse) de **vin blanc sec**
- zeste et jus de 1 **citron**
- 2 c. à soupe de **persil frais** haché
- 1 à 2 c. à soupe de **beurre** froid

VARIANTES
Utiliser des filets de saumon ou de truite et des herbes différentes comme la coriandre, la livèche, la ciboulette ou le cerfeuil.

1 - Saler et poivrer les filets de poisson.

2 - Dans une casserole, chauffer l'huile sur feu moyen-doux et y faire dorer légèrement l'ail 1 minute. Ajouter les oignons verts, l'aneth, le vin, le zeste et le jus de citron. Porter à ébullition. Ajouter le poisson, réduire le feu à doux. Couvrir et laisser mijoter de 6 à 8 minutes ou jusqu'à ce que le poisson soit ferme. Retirer le poisson de la casserole et le réserver au chaud dans du papier d'aluminium.

3 - Dans la casserole, sur feu vif, laisser réduire le liquide de moitié, environ 3 minutes. Ajouter le persil et le beurre et fouetter énergiquement jusqu'à ce que le beurre soit fondu.

4 - Répartir le poisson dans les assiettes et le napper de sauce. Accompagner de pois mange-tout, de pommes de terre garnies de persil frais et de quartiers de citron.

*Une recette simplissime, prête en
15 minutes, hypersanté et absolument
savoureuse ? Eh oui, ça existe !*

Pavés de saumon au miel et à la moutarde

4 PORTIONS · **PRÉPARATION:** 5 MINUTES · **CUISSON:** 10 MINUTES

SAUCE MIEL ET DIJON
- 4 c. à thé de **miel**
- 2 c. à soupe de **moutarde de Dijon**
- zeste et jus de 1 **lime**
- 2 gousses d'**ail** écrasées
- 1/2 c. à thé de **graines de carvi**
- **sel** et **poivre**

- 4 **pavés de saumon** d'environ
  150 g chacun, d'au moins
  2,5 cm (1 po) d'épaisseur,
  avec la peau
- **jus de lime** (facultatif)

1 - Pour la préparation de la sauce : mélanger tous les ingrédients. Étendre ce mélange sur la chair du saumon, mais pas sur la peau. Passer à l'étape suivante immédiatement ou réfrigérer au maximum 2 heures.

2 - Préchauffer le gril du four. Tapisser une plaque à cuisson de papier d'aluminium légèrement huilé. Y déposer le saumon, peau dessous. Cuire à 10 cm (4 po) du gril, 10 minutes. Pour la cuisson sur le barbecue, préchauffer à puissance maximale. Déposer les pavés de saumon côté peau sur la grille huilée. Cuire 5 ou 6 minutes de chaque côté.

3 - Arroser de jus de lime, si désiré. Servir sur un lit de lentilles. Accompagner d'une salade de tomates cerises.

Pour avoir votre dose d'oméga-3,
préparez ces pavés de saumon en quelques
minutes et servez-les avec un riz vapeur
et votre légume vert préféré.

Pavés de saumon au four avec vinaigrette au gingembre

4 PORTIONS · **PRÉPARATION:** 6 MINUTES · **CUISSON:** 7 MINUTES

VINAIGRETTE AU GINGEMBRE
- 60 ml (1/4 tasse) d'**huile d'olive** au goût léger
- 1 c. à soupe de **jus de lime**
- 1/2 c. à soupe de **gingembre frais**, râpé finement
- 1/4 c. à thé d'**huile de sésame grillé**
- 1 c. à soupe de **ciboulette fraîche**, ciselée
- **sel**

- 4 **pavés de saumon** d'environ 150 g chacun
- **huile d'olive extra vierge**
- **fleur de sel**
- brins de **ciboulette** pour décorer

TRUC
La meilleure façon de vérifier la cuisson du saumon, c'est de jeter un coup d'œil à l'intérieur avec la pointe d'un couteau d'office. La cuisson est parfaite si la chair est légèrement translucide.

1 - Préchauffer le four à 200 °C (400 °F). Pour la préparation de la vinaigrette au gingembre : dans un bol, mélanger l'huile d'olive, le jus de lime, le gingembre, l'huile de sésame et la ciboulette. Saler. Réserver.

2 - Tapisser une plaque à cuisson de papier sulfurisé (parchemin). Y déposer les pavés de saumon et les badigeonner légèrement d'huile d'olive. Cuire au four de 7 à 12 minutes, selon l'épaisseur des pavés. Interrompre la cuisson dès l'apparition de gouttelettes blanches à la surface.

3 - Assaisonner de fleur de sel et napper de la vinaigrette au gingembre. Garnir de brins de ciboulette.

*Cette création du chef Don Letendre, du restaurant Elixir à Vancouver,
met en vedette la morue charbonnière, un choix éthique et délicieux pour
remplacer celle de l'Atlantique, qui est en voie d'extinction.*

Pavés de morue charbonnière, purée de céleri-rave et lentilles épicées

4 PORTIONS · **PRÉPARATION:** 35 MINUTES · **CUISSON:** 50 MINUTES

LENTILLES ÉPICÉES
- 160 ml (2/3 tasse) de **lentilles du Puy** lavées
- 500 ml (2 tasses) de **bouillon de poulet** du commerce ou maison*
- 2 c. à soupe d'**huile d'olive extra vierge**
- 2 **échalotes françaises** coupées en petits dés
- 1 gousse d'**ail** hachée finement
- 1 pincée de **piment d'Espelette**
- 1 pincée de *ras el hanout*
- **sel** et **poivre**

PURÉE DE CÉLERI-RAVE
- 2 c. à soupe de **beurre**
- 1 **céleri-rave** de grosseur moyenne, pelé et coupé en cubes

- **sel**
- 200 ml (3/4 tasse + 1 c. à soupe) de **crème à fouetter 35 %**
- 200 ml (3/4 tasse + 1 c. à soupe) de **lait entier**
- jus de 1/2 **citron**

MORUE GRILLÉE
- 1 c. à soupe d'**huile d'olive extra vierge**
- 1 1/2 c. à soupe de **beurre non salé**
- quelques tiges de **thym frais,** hachées
- **sel** et **poivre**
- 4 pavés de 150 g de **morue charbonnière** (noire), de bar rayé ou de flétan
- micropousses de **coriandre** (facultatif)

1 - Pour la préparation des lentilles épicées : déposer les lentilles dans une casserole. Ajouter de l'eau froide pour couvrir, sans plus. Sur feu vif, porter à ébullition. Réduire le feu. Laisser mijoter – retirer les impuretés ou l'écume. Cuire jusqu'à ce que les lentilles soient tendres, de 20 à 25 minutes environ. Égoutter.

2 - Entre-temps, verser le bouillon dans une poêle et faire réduire de moitié.

3 - Dans une autre casserole, chauffer l'huile d'olive sur feu moyen. Y faire sauter les échalotes et l'ail jusqu'à ce qu'ils ramollissent. Incorporer le piment d'Espelette, le *ras el hanout* et le bouillon réduit. Laisser mijoter environ 5 minutes. Ajouter les lentilles. Réchauffer. Saler et poivrer.

4 - Pour la préparation de la purée de céleri-rave : dans une casserole, chauffer le beurre. Ajouter le céleri-rave et saler. Couvrir et faire sauter sur feu moyen-doux 4 ou 5 minutes. Incorporer la crème, le lait et le jus de citron. Couvrir. Réduire le feu. Laisser mijoter jusqu'à ce que le céleri-rave soit tendre, environ 15 minutes. Égoutter – conserver le liquide de cuisson. Réduire le céleri-rave en purée au robot, en ajoutant du liquide de cuisson, jusqu'à ce que la préparation ait la consistance désirée.

5 - Pour la préparation de la morue grillée : dans une poêle, sur feu moyen-vif, chauffer l'huile d'olive et le beurre. Ajouter le thym. Saler et poivrer les pavés de poisson. Les frire, peau dessous, 2 ou 3 minutes ou jusqu'à ce que la peau soit croustillante. Retourner. Cuire 1 ou 2 minutes, selon l'épaisseur des pavés.

6 - Dans des assiettes, déposer la purée de céleri-rave, puis les lentilles. Ajouter les pavés de poisson. Arroser légèrement d'huile d'olive. Décorer de micropousses, si désiré.

* Voir recette en page 216

NOTE
Contrairement à d'autres légumineuses, les lentilles n'exigent aucun trempage avant la cuisson. Le *ras el hanout* est un mélange d'épices d'Afrique du Nord parfumé de cannelle, de curcuma, de muscade et de cardamome.

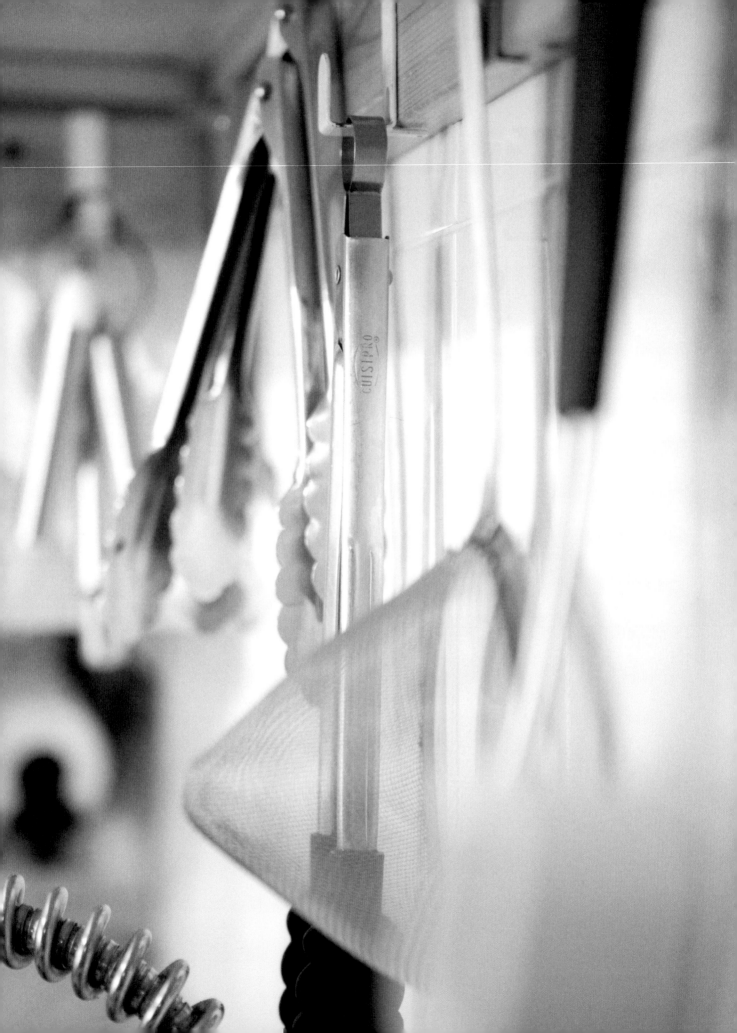

ACCOMPAGNEMENTS

Une idée savoureuse et toute simple qui nous change des pommes de terre en purée, bouillies ou au four. À déguster avec une viande grillée.

Pommes de terre rôties à l'indienne

4 PORTIONS · **PRÉPARATION:** 5 MINUTES · **CUISSON:** 25 MINUTES

- 1 c. à thé de **cari**
- 2 c. à soupe d'**huile d'olive extra vierge**
- 1/2 c. à thé de **cumin moulu**
- 1/2 c. à thé de **sel**

- 4 **pommes de terre** non pelées, coupées en cubes
- 2 c. à soupe de **menthe fraîche** hachée (facultatif)

TRUC
Un poêlon rustique fera un joli plat de service à déposer au milieu des convives.

1 - Préchauffer le four à 220 °C (425 °F). Tapisser une plaque à cuisson de papier d'aluminium. Dans un grand bol, mélanger le cari, l'huile, le cumin et le sel.

2 - Avec les mains, enduire les pommes de terre de l'huile au cari. Les déposer sur la plaque à cuisson et badigeonner du reste de l'huile. Couvrir d'une tente de papier d'aluminium.

3 - Cuire au centre du four, en remuant de temps à autre, jusqu'à ce que les pommes de terre soient dorées et tendres, de 25 à 30 minutes. Retirer du four et garnir de menthe.

Ces succulentes pommes de terre se préparent au four, en même temps que la viande de votre choix. Pratique et délicieux!

Petites pommes de terre rôties

4 PORTIONS · **PRÉPARATION:** 8 MINUTES · **CUISSON:** 40 MINUTES

- 680 g (1 1/2 lb) de **petites pommes de terre** coupées en deux
- 1 c. à soupe d'**huile d'olive extra vierge**
- 1 c. à soupe de **paprika**
- 1/2 c. à thé de **sel**
- 1/2 c. à thé de **poivre** du moulin

1 - Déposer les pommes de terre dans un grand bol et les arroser d'un filet d'huile d'olive. Parsemer de paprika. Saler et poivrer. Remuer pour enrober.
2 - Déposer les pommes de terre sur une plaque à cuisson et les faire rôtir en remuant de temps à autre, de 40 à 60 minutes ou jusqu'à ce qu'elles soient tendres.

Une variation sur le thème
du riz pualo indien, délicatement
parfumé à la cardamome et au cumin.

Riz basmati aromatisé

4 PORTIONS · **PRÉPARATION:** 10 MINUTES · **CUISSON:** 22 MINUTES · **ATTENTE:** 5 MINUTES

- 250 ml (1 tasse) de **riz basmati**
- 2 c. à soupe d'**huile végétale**
- 1 **oignon** haché très finement
- 2 gousses d'**ail** pressées
- 1 c. à thé de **graines de cumin** écrasées
- 4 **gousses de cardamome** fendues

- 1 **bâton de cannelle** de 8 cm (3 po)
- 2 **clous de girofle**
- 560 ml (2 1/4 tasses) d'**eau**
- 1/4 c. à thé de **sel**
- 2 **feuilles de laurier**

TRUC
Si on ne sert pas le riz immédiatement, retirer la casserole du feu, la recouvrir d'un linge à vaisselle replié et remettre le couvercle, ce qui aura pour effet de contenir la chaleur et d'absorber la condensation. Réserver jusqu'à une dizaine de minutes.

1 - Verser le riz dans un tamis et le rincer à l'eau froide environ 30 secondes.

2 - Dans une grande casserole, chauffer l'huile sur feu moyen. Faire revenir l'oignon et l'ail 5 minutes ou jusqu'à ce que l'oignon soit tendre. Incorporer le cumin, la cardamome, la cannelle et les clous de girofle. Cuire environ 1 minute afin que les épices dégagent leur arôme. Incorporer le riz et remuer jusqu'à ce qu'il soit uniformément enrobé d'huile.

3 - Ajouter l'eau, le sel et les feuilles de laurier. Porter à ébullition. Couvrir et laisser mijoter sur feu moyen-doux jusqu'à ce que l'eau soit absorbée, environ 15 minutes.

4 - Retirer du feu, couvrir et laisser reposer 5 minutes. Retirer les feuilles de laurier, le bâton de cannelle, les clous de girofle et les gousses de cardamome. Détacher les grains de riz à la fourchette et servir immédiatement. Excellent avec du poulet, du porc ou des crevettes.

Ce riz pourrait constituer un repas à lui seul. Les fruits secs et les pistaches lui donnent une texture unique et irrésistible.

Riz à la persane

8 À 12 PORTIONS · **PRÉPARATION:** 15 MINUTES · **CUISSON:** 10 MINUTES · **ATTENTE:** 25 MINUTES

- 375 ml (1 1/2 tasse) de **riz**, basmati de préférence
- 750 ml (3 tasses) d'**eau** ou de bouillon de poulet
- 1 c. à thé de **sel**
- zeste de 1 grosse **orange**, râpé finement

- 125 ml (1/2 tasse) d'**abricots séchés,** hachés
- 125 ml (1/2 tasse) de **canneberges séchées**
- 1/2 c. à thé de **safran** ou de curcuma
- 180 ml (3/4 tasse) de **pistaches** en écales
- 180 ml (3/4 tasse) de **persil frais,** haché finement ou de coriandre fraîche

1 - Laver le riz trois ou quatre fois à l'eau froide. Le laisser tremper dans l'eau froide de 15 à 20 minutes.

2 - Dans une grande casserole, mettre l'eau, le sel et le riz – si du bouillon de poulet est utilisé, omettre le sel. Amener à ébullition sur feu vif. Remuer. Couvrir et cuire sur feu moyen-doux 10 minutes.

3 - Ajouter le zeste, les abricots, les canneberges et le safran. Couvrir et laisser reposer jusqu'à ce que le liquide soit absorbé, de 10 à 15 minutes.

4 - Entre-temps, écaler et hacher les pistaches.

5 - Saler le riz, si nécessaire. Ajouter les pistaches et le persil. Mélanger.

Même les légumes les plus simples ont fière allure les soirs de fête, pour peu qu'on les apprête avec originalité.

Légumes verts au sésame

8 PORTIONS · **PRÉPARATION:** 10 MINUTES · **CUISSON:** 5 MINUTES

- 8 **bok choys miniatures,** parés et tranchés en quatre sur la longueur
- 750 g (4 1/2 tasses) de **haricots verts** parés
- 2 c. à soupe d'**huile de sésame**
- 1 c. à soupe de **graines de sésame** grillées
- **sel**

VARIANTE
Pour une note orientale, ajouter quelques gouttes de sauce de poisson au lieu du sel.

1 - Rincer les bok choys à l'eau froide pour enlever toute impureté. Éponger. Remplir partiellement d'eau une grande casserole. Porter à ébullition. Y faire cuire les haricots de 1 à 3 minutes. Ajouter les bok choys. Cuire, à découvert, en remuant de temps à autre, jusqu'à ce que les légumes soient tendres mais encore croquants et d'un vert soutenu, 2 ou 3 minutes. Égoutter.

2 - Remettre les légumes dans la casserole. Déposer sur feu moyen. Remuer jusqu'à ce que tout le liquide se soit évaporé, 1 ou 2 minutes. Arroser d'huile de sésame. Parsemer de graines de sésame. Saler et remuer. Servir immédiatement.

*Délicieux avec les viandes, les légumes
grillés s'ajoutent à tout (sandwichs, pâtes, etc.).
Alors tant mieux s'il en reste !*

Légumes grillés

6 PORTIONS · **PRÉPARATION:** 20 MINUTES · **CUISSON:** 25 MINUTES

- 4 **tomates italiennes** coupées en deux, épépinées et légèrement pressées pour en enlever l'excédent de jus
- 3 gousses d'**ail** en chemise
- 2 **poivrons** (rouges, jaunes ou orange) épépinés et taillés en lanières
- 1 gros **oignon** coupé en tranches épaisses et défait en rondelles
- 2 **courgettes jaunes** coupées en longues lanières de 1 cm (1/2 po) d'épaisseur

- 4 petites **pommes de terre** coupées en quartiers
- 2 c. à soupe d'**huile d'olive extra vierge**
- 1 c. à soupe de **vinaigre balsamique**
- **sel** et poivre
- 60 ml (1/4 tasse) de **feuilles de basilic** déchiquetées

1 - Préchauffer le four à 220 °C (425 °F). Mettre les tomates et l'ail dans un grand bol avec tous les légumes. Dans un petit bol, fouetter l'huile avec le vinaigre. Verser sur les légumes. Saler, poivrer et remuer.

2 - Étendre les légumes en une seule couche sur une plaque à cuisson. Faire griller au centre du four environ 25 minutes. Remuer deux fois en cours de cuisson.

3 - Retirer du four et déposer les légumes dans un bol. Peler les gousses d'ail, si désiré. Parsemer de basilic et mélanger délicatement.

Les petits pois très frais peuvent se manger crus, mais la cuisson les rend encore plus sucrés.

Petits pois pimentés

8 PORTIONS · **PRÉPARATION:** 3 MINUTES · **CUISSON:** 4 MINUTES

- 1 litre (4 tasses) de **petits pois** surgelés
- 2 c. à soupe de **piments marinés** hachés finement
- **sel**

Remplir partiellement d'eau une grande casserole. Porter à ébullition sur feu vif. Y cuire les petits pois, à découvert, jusqu'à ce qu'ils soient tendres, 3 ou 4 minutes. Égoutter. Déposer dans un grand bol. Incorporer les piments. Saler et remuer. Servir immédiatement.

Voilà un plat d'épinards qui accompagne à merveille un pavé de saumon ou une côtelette de veau grillée. Vous pouvez remplacer le yogourt par de la crème sure.

Épinards en sauce crémeuse au pesto

4 PORTIONS · **PRÉPARATION:** 5 MINUTES · **CUISSON:** 6 MINUTES

- 1 c. à soupe d'**huile d'olive extra vierge**
- 1 **oignon** coupé en fines rondelles
- 300 g d'**épinards** lavés et essorés
- 2 c. à soupe de **pesto**
- **sel** et **poivre**
- 125 ml (1/2 tasse) de **yogourt de chèvre**

VARIANTE
Dans la plupart des recettes, y compris celle-ci, on peut remplacer les épinards par des feuilles de bette à carde. Garder les tiges des bettes pour servir en crudités ou les intégrer à cette préparation, mais prolonger alors le temps de cuisson de 3 ou 4 minutes.

1 - Dans un grand poêlon antiadhésif, sur feu moyen, chauffer l'huile. Ajouter l'oignon et cuire environ 3 minutes ou jusqu'à ce qu'il devienne légèrement doré. Ajouter les épinards et remuer 2 ou 3 minutes ou jusqu'à ce que les épinards s'assouplissent (il ne doit pas y avoir de liquide en excès). Éviter de trop cuire.

2 - Assaisonner de pesto. Saler et poivrer. Ajouter le yogourt et réchauffer quelques secondes.

Ces poivrons s'utilisent de bien des façons : dans les salades et les sandwichs, en accompagnement avec d'autres légumes grillés, dans les pâtes ou sur la pizza. Ils sont assurément savoureux en plus d'être colorés.

Poivrons rôtis à l'huile piquante

5 POTS DE 250 ML (1 TASSE) · **PRÉPARATION:** 10 MINUTES · **CUISSON:** 35 MINUTES · **ATTENTE:** 5 MINUTES

- 250 ml (1 tasse) d'**huile d'olive extra vierge**
- 1 c. à thé de **chili broyé**
- 6 à 8 gousses d'**ail** coupées en deux et dégermées
- 1 kg (2 1/4 lb) de **poivrons** (rouges, jaunes ou orange)
- 60 ml (1/4 tasse) de **persil italien frais,** ciselé
- **sel** et **poivre** du moulin

1 - Préchauffer le four à 200 °C (400 °F). Dans une petite casserole, mettre l'huile, le chili et l'ail. Faire infuser sur feu très doux de 15 à 20 minutes. Réserver.

2 - Déposer les poivrons entiers sur une plaque à cuisson. Badigeonner d'un peu d'huile d'olive. Cuire au four environ 20 minutes en retournant les poivrons durant la cuisson. Retirer les poivrons du four, les mettre dans un sac de papier et refermer. Laisser tiédir de 5 à 10 minutes – l'humidité fera décoller la peau des poivrons. Retirer cette peau. Couper les poivrons en deux et enlever le pédoncule et les graines. Couper en lanières et déposer dans un bol.

3 - Retirer les gousses d'ail de l'huile piquante, puis verser l'huile sur les lanières de poivron. Ajouter le persil et mélanger. Saler et poivrer. Mettre dans des bocaux stérilisés ou des sacs à congélation. Utiliser rapidement ou conserver au congélateur.

Pour parer les asperges, enlevez la base de la tige en la pliant. Le point de rupture correspond à l'endroit où la tige commence à être plus fibreuse (récupérez cette base pour faire un potage).

Asperges au beurre et au parmesan

4 PORTIONS · **PRÉPARATION:** 10 MINUTES · **CUISSON:** 10 MINUTES

- **sel**
- 450 g (1 lb) d'**asperges** parées
- 1 c. à soupe de **beurre**
- 1 c. à thé d'**huile d'olive extra vierge**
- 60 ml (1/4 tasse) de **parmesan** râpé
- **poivre** du moulin

1 - Remplir d'eau un grand bol et y ajouter quelques cubes de glace. Plonger les asperges dans une casserole d'eau bouillante salée. Cuire 7 ou 8 minutes ou jusqu'à ce qu'une lame de couteau pénètre facilement dans les tiges. Égoutter les asperges, puis les plonger dans l'eau glacée pour stopper la cuisson et conserver leur couleur. Aussitôt les asperges refroidies, les égoutter de nouveau et les éponger dans un linge propre.

2 - Quelques minutes avant de servir, dans un grand poêlon, sur feu moyen, chauffer le beurre et l'huile. Ajouter les asperges et bien remuer. Cuire 2 ou 3 minutes. Répartir les asperges dans des assiettes chaudes, saupoudrer de parmesan et poivrer.

Asperges grillées au four

4 PORTIONS · **PRÉPARATION:** 5 MINUTES · **CUISSON:** 10 MINUTES

- 450 g (1 lb) d'**asperges** parées
- 1 c. à thé d'**huile d'olive extra vierge**
- **sel**
- jus de **citron** fraîchement pressé ou vinaigre balsamique

1 - Préchauffer le four à 230 °C (450 °F). Déposer les asperges sur une plaque à cuisson recouverte de papier sulfurisé (parchemin). Les arroser d'huile d'olive et bien mélanger. Étaler les asperges et saler.

2 - Cuire au four environ 10 minutes, en retournant à mi-cuisson, ou jusqu'à ce que les asperges soient tendres mais encore fermes et aient une belle coloration. Arroser d'un filet de jus de citron et servir sans tarder.

Quelle idée-cadeau originale :
des pots de chutney coloré, un régal
pour les papilles et les yeux !

Chutney au maïs et aux poivrons

10 POTS DE 250 ML (1 TASSE) · **PRÉPARATION:** 45 MINUTES · **CUISSON:** 1 HEURE

- 2 litres (8 tasses) de **maïs en grains**
- 2 gros **oignons jaunes** hachés
- 2 **poivrons rouges** égrenés et coupés en dés
- 2 **piments jalapeños** égrenés et coupés en dés
- 500 ml (2 tasses) de **vinaigre de vin blanc**
- 180 ml (3/4 tasse) de **sucre**

- 3 gousses d'**ail** hachées
- 1 morceau de 3 cm de **gingembre** pelé et haché
- 5 branches de **thym frais**
- 1 c. à soupe de **gros sel**
- 1 c. à soupe de **garam masala** ou de cari

NOTE
Le chutney gagnera en saveur deux ou trois semaines après sa mise en pots.

Dans une grande casserole, combiner tous les ingrédients. Porter à ébullition en remuant à quelques reprises. Laisser mijoter sur feu doux et à découvert 1 heure en remuant de temps à autre. Retirer les branches de thym. Verser dans des bocaux stérilisés et sceller.

Un grand classique de la cuisine d'ici,
à préparer en famille ou entre amies,
pour passer un après-midi inoubliable.

Ketchup aux fruits

10 POTS DE 500 ML (2 TASSES) · **PRÉPARATION:** 1 HEURE · **CUISSON:** 1 HEURE

- 12 **pêches** pelées, dénoyautées
  et coupées en dés
- 8 **tomates** pelées et coupées en dés
- 5 **poires** évidées et coupées en dés
- 4 **oignons** coupés en dés
- 3 **pommes** évidées et coupées en dés
- 1 **poivron rouge** égrené et coupé en dés
- 250 ml (1 tasse) de **céleri** coupé
  en dés de 1 cm (1/2 po)

- 430 ml (1 3/4 tasse) de **cassonade**
- 250 ml (1 tasse) de **vinaigre blanc**
- 125 ml (1/2 tasse) de **vinaigre de cidre**
- 2 c. à soupe de **graines de moutarde**
  ou d'épices à marinade
- 5 **clous de girofle**
- 1 c. à soupe de **gros sel**

TRUC
Pour peler rapidement les pêches et les tomates, pratiquer une incision en croix à la base des fruits avant de les mettre dans de l'eau bouillante, de 30 à 60 secondes (ou jusqu'à ce que la peau se fendille). Plonger aussitôt dans un bain d'eau glacée. Enlever la peau en frottant avec les mains ou à l'aide de l'arête d'une lame de couteau d'office.

Dans une grande casserole, combiner tous les ingrédients. Porter à ébullition en remuant à quelques reprises. Laisser mijoter sur feu doux et à découvert 1 heure en remuant de temps à autre. Verser dans des bocaux stérilisés et sceller.

Toujours très appréciées, les pâtes à base de sauce tomate. Celle-ci est simple et parfaite. Ajoutez ce qui vous chante. Et si vous êtes prévoyante, doublez la quantité et congelez-en la moitié.

Sauce tomate de base

1,5 LITRE (6 TASSES) · **PRÉPARATION:** 8 MINUTES · **CUISSON:** 30 MINUTES

- 3 c. à soupe d'**huile d'olive extra vierge**
- 2 **oignons** émincés
- 3 gousses d'**ail** émincées
- 2 boîtes de 796 ml de **tomates en dés**
- **sel** et **poivre**
- 1 c. à thé d'**origan**
- 1 pincée de **sucre**

1 - Dans une casserole, chauffer l'huile sur feu moyen et y cuire les oignons 4 ou 5 minutes, jusqu'à ce qu'ils deviennent translucides, sans les colorer. Ajouter l'ail et cuire quelques secondes. Ajouter le reste des ingrédients. Amener à ébullition puis laisser mijoter sur feu doux, à découvert, de 25 à 30 minutes. Pour obtenir une sauce plus épaisse (pour une pizza par exemple), laisser mijoter 5 minutes de plus.

2 - Passer le mélange au robot ou au mélangeur. Rectifier l'assaisonnement.

DESSERTS

*Ananas, lime, poivre rose et sirop
d'érable : un excellent mariage de saveurs
pour un dessert tout frais.*

Verrines d'ananas, garniture fouettée à l'érable

8 PORTIONS · **PRÉPARATION:** 15 MINUTES · **ATTENTE:** 2 HEURES

SALADE D'ANANAS
- 1 **ananas**
- 80 ml (1/3 tasse) de **sirop d'érable foncé**
- jus et zeste de 1 **lime**
- 3/4 c. à thé de **poivre rose** écrasé

GARNITURE FOUETTÉE À L'ÉRABLE
- 125 ml (1/2 tasse) de **crème à fouetter 35 %**
- 3 c. à soupe de **sirop d'érable foncé**
- 250 ml (1 tasse) de **yogourt nature 10 %**
- **sucre d'érable** en flocons ou en granules

1 - Pour la préparation de la salade d'ananas : peler l'ananas et enlever le cœur. Couper en morceaux. Mélanger avec le sirop d'érable, le jus et le zeste de lime et le poivre rose. Répartir dans huit verres de 180 ml (3/4 tasse). Couvrir et réserver au réfrigérateur – pas plus de 24 heures.
2 - Pour la préparation de la garniture fouettée à l'érable : dans un bol très froid, verser la crème et le sirop d'érable. Au batteur électrique, fouetter jusqu'à ce que la préparation forme des pics mous, environ 1 minute. Ajouter le yogourt et fouetter quelques secondes, jusqu'à ce que le mélange soit homogène. Réserver au froid au maximum 2 heures.
3 - Juste avant de servir, répartir la garniture fouettée dans les verres remplis de salade d'ananas. Garnir de sucre d'érable. Accompagner de languettes croustillantes ou d'autres biscuits.

VARIANTE
Remplacer le poivre rose par un peu de gingembre frais finement râpé.

Languettes croustillantes

30 LANGUETTES · **PRÉPARATION:** 10 MINUTES · **CUISSON:** 5 MINUTES

- 10 feuilles de **pâte wonton** décongelées
- 1 c. à soupe de **beurre clarifié** fondu
- 2 c. à soupe de **sucre d'érable** en flocons ou en granules
- 1 c. à soupe de **pistaches** hachées très finement

1 - Préchauffer le four à 200 °C (400 °F). Tapisser une plaque à pâtisserie de papier sulfurisé (parchemin). Couper chaque feuille de pâte wonton en trois bandelettes. Les étaler sur la plaque. À l'aide d'un pinceau à pâtisserie, les badigeonner de beurre clarifié fondu. Parsemer de sucre d'érable et de pistaches. Presser doucement avec le dos d'une cuillère.
2 - Cuire au four 5 ou 6 minutes ou jusqu'à ce que les languettes soient bien dorées. Laisser refroidir sur une grille. Ces craquelins se conservent cinq jours dans un contenant hermétique.

NOTE
Pour obtenir du beurre clarifié, faire fondre du beurre. Enlever l'écume. Faire refroidir au réfrigérateur. Jeter la partie qui reste liquide et conserver celle qui s'est solidifiée.

Ce dessert frais et léger peut être préparé 24 heures à l'avance. Il est parfait pour les réceptions à l'heure du brunch le dimanche.

Coupes de rhubarbe, ricotta à l'érable

6 PORTIONS · **PRÉPARATION:** 10 MINUTES · **CUISSON:** 12 MINUTES

- 1 litre (4 tasses) de **rhubarbe** coupée en morceaux de 1 cm (1/2 po)
- 6 c. à soupe de **sucre**
- 4 c. à soupe de **canneberges séchées**
- 4 c. à soupe d'**eau**
- 250 ml (1 tasse) de **fromage ricotta**
- 3 c. à soupe de **sirop d'érable**
- 4 c. à soupe d'**amandes tranchées** grillées

1 - Dans une casserole, mélanger la rhubarbe, le sucre, les canneberges séchées et l'eau. Couvrir et porter à ébullition. Laisser mijoter à découvert environ 10 minutes ou jusqu'à ce que la rhubarbe soit tendre mais non défaite. Laisser refroidir.

2 - Dans le récipient du robot culinaire, fouetter le fromage et le sirop d'érable jusqu'à ce que la texture soit lisse. Réserver au réfrigérateur.

3 - Au moment de servir, répartir le mélange de rhubarbe dans des coupes individuelles. Garnir d'une cuillerée de ricotta à l'érable et d'amandes tranchées.

*Vous pouvez ajouter un doigt d'alcool
blanc dans la coupe des grands.*

177

Granité de framboises
à la menthe

6 À 8 PORTIONS · **PRÉPARATION:** 15 MINUTES · **CUISSON:** 2 MINUTES · **ATTENTE:** 4 HEURES

- 180 ml (3/4 tasse) de **sucre**
- 375 ml (1 1/2 tasse) d'**eau**
- 125 ml (1/2 tasse) de **menthe fraîche**,
  hachée grossièrement

- 1 c. à soupe de **jus de citron**
- 750 ml (3 tasses) de **framboises** fraîches
- quelques feuilles de **menthe fraîche**
- **vodka** ou gin (facultatif)

NOTE
Le jus de citron
rehausse les arômes
délicats des petits fruits,
ce qui compense pour
les papilles gustatives
endormies par le froid
du granité.

1 - Dans une petite casserole, mélanger le sucre, 125 ml (1/2 tasse) d'eau et la menthe hachée. Porter à ébullition. Poursuivre l'ébullition 1 minute et retirer la casserole du feu. Laisser le sirop refroidir complètement. Passer au tamis. Jeter la menthe. Ajouter le jus de citron et bien mélanger. Réserver.

2 - Dans le récipient d'un robot culinaire, mettre les framboises et réduire en purée. Passer au tamis. Ajouter le sirop, 250 ml (1 tasse) d'eau et bien mélanger. Verser dans un grand plat en pyrex peu profond. Couvrir d'une pellicule plastique. Mettre au congélateur de 4 à 6 heures ou jusqu'à ce que la préparation soit ferme. Placer des coupes ou des verres au congélateur.

3 - Juste avant de servir, défaire le granité en cristaux en raclant la surface avec une four-chette ou une cuillère. Répartir dans les coupes ou les verres glacés. Ajouter dans chaque verre quelques feuilles de menthe et, si désiré, un trait de vodka ou de gin.

Les bananes donnent une consistance crémeuse à la préparation. À déguster en petites portions, avec des fruits frais.

Yogourt glacé à la banane et aux framboises

4 À 6 PORTIONS · **PRÉPARATION:** 10 MINUTES · **ATTENTE:** 20 MINUTES (SORBETIÈRE) OU 2 HEURES (CONGÉLATEUR)

- jus de 1/2 ou 1 **citron**
- 2 **bananes** mûres
- 80 ml (1/3 tasse) de **sucre glace**
- 180 ml (3/4 tasse) de **yogourt nature**
- 180 ml (3/4 tasse) de **yogourt 10 % de type grec**
- 20 à 30 **framboises** fraîches
- feuilles de **menthe fraîche**

NOTE
Pour une touche raffinée, arroser d'un filet d'huile de noix, de noisettes ou de pistaches.

1 - Verser le jus de citron, les bananes et le sucre dans le récipient d'un robot culinaire et réduire en purée. Ajouter les yogourts. Faire congeler la préparation dans une sorbetière. Ou placer le mélange au congélateur 2 heures ou jusqu'à ce qu'il soit ferme mais encore crémeux – s'il devient dur, le laisser à température ambiante jusqu'à ce qu'il puisse être remué à la cuillère.

2 - Dans des petits bols, déposer 3 ou 4 c. à soupe du mélange. Garnir de quelques framboises, parsemer de sucre glace et décorer de feuilles de menthe. Servir sans tarder.

*La compote de framboises et la crème
à l'érable peuvent être préparées la veille
et assemblées à la dernière minute.
Mettez-les en valeur dans de jolies
verrines et servez-les avec des biscuits.*

Verrines de framboises, crème à l'érable

6 PORTIONS · **PRÉPARATION:** 25 MINUTES · **CUISSON:** 10 MINUTES · **ATTENTE:** 15 MINUTES

COMPOTE
DE FRAMBOISES
• 1 litre (4 tasses) de
  framboises surgelées
• 4 c. à soupe de **sucre**

CRÈME À L'ÉRABLE
• 1 **jaune d'œuf**
• 3 c. à soupe de **sirop d'érable**
• 125 ml (1/2 tasse) de **crème
  à fouetter 35 %**

• **sucre d'érable** en
  flocons ou en granules
  (facultatif)

1 - Pour la préparation de la compote de framboises : dans une casserole, sur feu moyen, chauffer les framboises et le sucre environ 5 minutes ou jusqu'à ce que le sucre soit dissous et que les fruits soient dégelés – éviter de briser les framboises. Laisser refroidir.

2 - Pour la préparation de la crème à l'érable : dans un petit bol, verser le jaune d'œuf et ajouter 1 c. à thé de sirop d'érable. À l'aide d'un batteur électrique, battre jusqu'à ce que le mélange blanchisse, environ 3 minutes. Réserver.

3 - Dans une petite casserole, amener le reste du sirop d'érable à ébullition. Verser le sirop progressivement sur le jaune d'œuf en fouettant constamment. Verser ce mélange dans la petite casserole et cuire sur feu très doux 5 minutes en remuant constamment. (Ne pas hésiter à retirer momentanément le mélange du feu s'il commence à fumer et semble sur le point de bouillir.) Passer le mélange au tamis, en le transvasant dans un grand bol, puis le laisser refroidir en remuant de temps à autre (mettre au congélateur pour un refroidissement rapide).

4 - Entre-temps, dans un autre bol, à l'aide du batteur électrique, fouetter la crème jusqu'à ce qu'elle forme une mousse ferme. Réserver au réfrigérateur.

5 - Une fois le mélange à l'érable bien refroidi, y ajouter environ le tiers de la crème fouettée et fouetter jusqu'à ce que la préparation soit bien lisse. Ajouter le reste de la crème fouettée et plier délicatement à la spatule. Réserver au réfrigérateur.

6 - Dans six petits verres ou coupes de 160 ml (2/3 tasse), mettre 5 ou 6 c. à soupe de compote de framboises. Couvrir de 3 ou 4 c. à soupe de crème à l'érable. Décorer de sucre d'érable, si désiré. La compote et la crème à l'érable peuvent être préparées à l'avance et réservées au réfrigérateur. Servir avec des biscuits.

NOTE
Afin de bien percevoir le goût du sirop d'érable dans une recette, choisir un sirop foncé ou ambré, dont les arômes sont plus prononcés.

*Un classique indémodable auquel
les canneberges ajoutent une note
acidulée parfaitement équilibrée
par la richesse de la crème anglaise.*

Poires pochées
aux canneberges

6 PORTIONS · **PRÉPARATION:** 20 MINUTES · **CUISSON:** 30 MINUTES

- 6 **poires** pelées, évidées, queue conservée
- 250 ml (1 tasse) de **sucre**
- 1 à 1,5 litre (4 à 6 tasses) de **jus de canneberge**
- 1 **bâton de cannelle**
- zeste de 1 **citron**
- 250 ml (1 tasse) de **canneberges séchées**

CRÈME ANGLAISE
- 500 ml (2 tasses) de **lait**
- 1 **gousse de vanille** coupée en deux sur la longueur et égrenée ou 1 c. à soupe d'extrait de vanille
- 4 **jaunes d'œufs**
- 125 ml (1/2 tasse) de **sucre**

1 - Dans une grande casserole, sur feu moyen-vif, mettre les poires et le sucre. Ajouter assez de jus de canneberge pour couvrir les poires. Porter à ébullition. Ajouter le bâton de cannelle et le zeste de citron. Cuire sur feu moyen de 10 à 15 minutes. La chair des poires doit être cuite, mais encore ferme. Une fois les poires cuites, ajouter les canneberges. Retirer du feu. Laisser refroidir dans le jus de cuisson.

2 - Pour la préparation de la crème anglaise : dans une casserole, sur feu moyen-vif, mettre le lait et la gousse de vanille. Chauffer sans porter à ébullition. Retirer du feu et laisser infuser 5 minutes. Retirer la gousse.

3 - Dans un bol, verser les jaunes d'œufs et le sucre. Battre avec un fouet jusqu'à ce que la préparation soit homogène et blanchâtre, environ 3 minutes. Ajouter graduellement le lait chaud vanillé et remuer. Remettre la préparation dans la casserole et cuire sur feu doux en remuant constamment à l'aide d'une cuillère en bois. Attention : la crème ne doit jamais bouillir. Retirer du feu lorsque la préparation nappe la cuillère, après 7 minutes environ. Laisser refroidir.

4 - Au moment de servir, filtrer le liquide du mélange poires-canneberges. Réserver les canneberges. Verser le liquide dans une petite casserole et faire réduire de moitié sur feu moyen, 10 minutes environ. Réchauffer les poires dans ce sirop. Répartir les poires pochées dans des assiettes individuelles ou les déposer dans une assiette de service. Garnir de crème anglaise et du sirop. Disposer les canneberges autour.

TRUC
Pour évider les poires, retirer les membranes et les graines par le dessous avec une cuillère parisienne.

*Un classique français au contraste
sublime : croûte croustillante,
intérieur moelleux.*

Cannelés bordelais

14 CANNELÉS · **PRÉPARATION:** 10 MINUTES · **CUISSON:** 1 HEURE 10 MINUTES PAR FOURNÉE · **ATTENTE:** 24 HEURES

- 500 ml (2 tasses) de **lait**
- 1/2 **gousse de vanille**
- 2 c. à soupe de **beurre** froid, coupé en cubes

- 2 **œufs** entiers + 2 **jaunes d'œufs**
- 500 ml (2 tasses) de **sucre glace**
- 1 c. à soupe de **rhum**
- 180 ml (3/4 tasse) de **farine tout usage**

NOTE
Les cannelés sont cuits traditionnellement dans des moules en cuivre. Ceux en silicone font aussi l'affaire, mais on obtient des cannelés de forme moins parfaite. On peut préparer la pâte la veille ou jusqu'à 4 jours avant la cuisson.

1 - Dans une casserole, mettre le lait. Fendre la gousse de vanille en deux. Gratter la moitié des graines avec la pointe d'un petit couteau. Les incorporer au lait avec la demi-gousse. Chauffer sans porter à ébullition, puis retirer du feu. Ajouter le beurre. Laisser tiédir 5 minutes. Retirer la demi-gousse.

2 - Dans un grand bol, à l'aide d'un batteur électrique, fouetter les œufs et les jaunes d'œufs environ 2 minutes. Incorporer le sucre glace en fouettant 1 minute, puis le rhum. Sans cesser de fouetter, incorporer la farine. Ajouter le lait vanillé. Couvrir et réserver au réfrigérateur jusqu'à quatre jours.

3 - Préchauffer le four à 245 °C (475 °F). Mélanger la pâte en brassant 2 minutes à l'aide d'un fouet. Mettre les moules à cannelés sur une plaque à pâtisserie. Les remplir aux trois quarts de pâte.

4 - Cuire au four 10 minutes. Réduire la température à 175 °C (350 °F) et poursuivre la cuisson 1 heure, ou jusqu'à ce que la croûte soit brune. Démouler et laisser refroidir sur une grille. Déguster à température ambiante.

Une délicieuse friandise appréciée à l'heure du digestif (ou du café).

Dattes fourrées à la pâte d'amandes

30 DATTES · **PRÉPARATION:** 25 MINUTES · **ATTENTE:** 1 HEURE

- 1 paquet de 200 g de **pâte d'amandes** (de type massepain)
- zeste de 2 **oranges**
- 30 **dattes séchées**, dénoyautées

1 - Mettre la pâte d'amandes au réfrigérateur 1 heure. Déposer la pâte sur une planche à découper et y râper très finement le zeste des oranges. Bien mélanger en pétrissant avec les mains. Prélever 1 c. à thé de pâte d'amandes et en former un petit rouleau de la grosseur nécessaire pour farcir une datte. Poursuivre avec le reste de la pâte. Réserver.

2 - À l'aide d'un petit couteau, inciser les dattes sur la longueur. Remplir la cavité de chaque datte d'un rouleau de pâte d'amandes. Faire de petites incisions obliques sur la pâte d'amandes avec un couteau. (Pour faire des marques bien nettes, passer la lame du couteau sous l'eau chaude et l'essuyer.) Les dattes se conservent au réfrigérateur dans un contenant hermétique au plus une semaine. Laisser tiédir avant de servir.

*Marino Taveres, du Ferreira Café,
donne une touche irrésistiblement
portugaise à sa crème caramel
en lui ajoutant du porto.*

Crème caramel au porto

8 RAMEQUINS · **PRÉPARATION:** 20 MINUTES · **CUISSON:** 1 HEURE 35 MINUTES · **ATTENTE:** 3 HEURES 30 MINUTES

- 375 ml (1 1/2 tasse) de **sucre**
- 4 c. à thé d'**eau**
- 1 litre (4 tasses) de **lait**
- 1 **gousse de vanille** coupée en deux sur la longueur et égrenée
- 8 **œufs**
- 125 ml (1/2 tasse) de **porto rouge**

1 - Prévoir huit ramequins de 10 cm (4 po) de diamètre. Dans une casserole, mettre 250 ml (1 tasse) de sucre et l'eau. Porter à ébullition et laisser mijoter jusqu'à ce que le sucre se caramélise et prenne une couleur ambrée, environ 3 ou 4 minutes. En verser aussitôt de 2 à 3 c. à soupe dans chaque ramequin.

2 - Dans une casserole, chauffer le lait et la gousse de vanille. Retirer du feu et laisser infuser 5 minutes. Retirer la gousse. Dans un bol, mélanger les œufs et 125 ml (1/2 tasse) de sucre à l'aide d'un fouet. Y verser le lait chaud vanillé et mélanger. Laisser refroidir 30 minutes.

3 - Préchauffer le four à 120 °C (250 °F). Ajouter le porto à la préparation. Remplir les ramequins. Les mettre dans une grande lèchefrite. Verser de l'eau bouillante dans la lèchefrite jusqu'à la mi-hauteur des ramequins.

4 - Cuire au four 90 minutes. Laisser tiédir puis réserver au réfrigérateur de 3 à 4 heures avant de démouler. Pour démouler, passer une lame de couteau sur le pourtour du ramequin et le renverser aussitôt sur une petite assiette – mettre les ramequins dans l'eau bouillante quelques secondes avant de procéder pour faciliter le démoulage. Servir aussitôt.

NOTE
À défaut de gousse de vanille, utiliser 1 c. à thé d'extrait de vanille.

Retombez en enfance avec ce
pouding au pain ultra-réconfortant
parfumé aux canneberges,
aux pommes et aux poires.

Pouding au pain aux canneberges

6 À 8 PORTIONS • **PRÉPARATION:** 15 MINUTES • **CUISSON:** 40 MINUTES

- 5 tasses de **pain croûté rassis**, coupé en cubes
- 430 ml (1 3/4 tasse) de **lait** chaud
- 2 **œufs**
- 125 ml (1/2 tasse) de **sucre**
- 2 c. à soupe de **beurre** fondu

- 1 c. à thé d'**extrait de vanille**
- 1 pincée de **sel**
- 125 ml (1/2 tasse) de **canneberges séchées**
- 1 **pomme** non pelée, tranchée finement
- 1 **poire** pelée, tranchée finement
- 3 c. à soupe de **cassonade**

1 - Préchauffer le four à 175 °C (350 °F). Beurrer un moule de 2 litres (8 tasses). Dans un grand bol, déposer les cubes de pain et y verser le lait chaud. Laisser reposer 10 minutes.

2 - Entre-temps, dans un autre bol, battre les œufs, ajouter le sucre, le beurre, la vanille et le sel. Bien mélanger. Ajouter les canneberges, les tranches de pomme et de poire. Mélanger. Répartir la préparation d'œufs, de sucre et de fruits sur les cubes de pain trempés et mélanger. Verser dans le moule et égaliser la surface avec une cuillère.

3 - Cuire au four environ 40 minutes ou jusqu'à ce que le pouding soit ferme au toucher. Saupoudrer de cassonade et mettre sous le gril environ 1 minute ou jusqu'à ce que le sucre soit fondu. Laisser reposer environ 15 minutes avant de servir.

*Ce dessert italien gagne en
saveur après une réfrigération
de quelques heures.*

Tiramisu aux fraises

6 À 8 PORTIONS · **PRÉPARATION:** 25 MINUTES · **ATTENTE:** 6 HEURES

- 180 ml (3/4 tasse) de **jus d'orange**
- 125 ml (1/2 tasse) + 2 c. à soupe de **liqueur Galliano**
- 4 **jaunes d'œufs**
- 125 ml (1/2 tasse) de **sucre**

- 1 pincée de **sel**
- 400 g de **mascarpone**
- 125 ml (1/2 tasse) de **crème à fouetter 35 %**
- 12 à 18 **biscuits de Savoie**
- 750 ml (3 tasses) de **fraises** fraîches tranchées

1 - Dans un bol, mélanger le jus d'orange et 125 ml (1/2 tasse) de liqueur Galliano. Réserver.

2 - Dans un autre bol, à l'aide d'un batteur électrique, fouetter les jaunes d'œufs à basse vitesse jusqu'à ce que la préparation soit homogène. Ajouter le sucre et le sel et fouetter à vitesse moyenne-élevée jusqu'à ce que le mélange blanchisse, de 60 à 90 secondes. Ajouter 2 c. à soupe de liqueur Galliano et bien mélanger. Ajouter le mascarpone et fouetter à vitesse moyenne jusqu'à ce que le mélange soit homogène, environ 45 secondes.

3 - Dans un troisième bol, à l'aide du batteur électrique, fouetter la crème à vitesse moyenne jusqu'à ce qu'elle forme des pics fermes, 2 ou 3 minutes.

4 - Incorporer le tiers de la crème fouettée au mélange de mascarpone. Ajouter délicatement le reste de la crème fouettée, en pliant à l'aide d'une spatule en caoutchouc.

5 - Tremper les biscuits, un à la fois, dans le mélange de jus d'orange en les retournant quelques secondes de chaque côté – le liquide ne doit pas atteindre le centre des biscuits. Couper les biscuits et les déposer au fond des coupes. Recouvrir d'une couche de crème au mascarpone, puis d'une couche de fraises. Répéter en terminant par une couche de fraises. Recouvrir les coupes de pellicule plastique et réfrigérer au moins 6 heures ou jusqu'à 24 heures.

VARIANTE
Remplacer la liqueur Galliano (liqueur d'herbes italienne) par un alcool d'érable ou de fraises du terroir.

Trois meringues aux noisettes sont intercalées entre des couches de crème fouettée et de fruits frais. Un dessert de fête irrésistible.

Gâteau meringue de minuit

10 À 12 PORTIONS · **PRÉPARATION:** 10 MINUTES · **CUISSON:** 1 HEURE 30 MINUTES · **ATTENTE:** 45 MINUTES

195

- 375 ml (1 1/2 tasse) de **sucre**
- 2 c. à soupe de **fécule de maïs**
- 6 **blancs d'œufs** à température ambiante
- 1/4 c. à thé de **sel**
- 2 c. à thé de **vinaigre blanc**
- 1 c. à thé d'**extrait de vanille**

- 100 g de **noisettes** hachées finement
- 500 ml (2 tasses) de **crème à fouetter 35 %**
- **petits fruits** frais (framboises, cerises de terre, mûres, groseilles, fraises ou bleuets)
- **sucre glace**

TRUC
Ce gâteau se tranche plus facilement avec un couteau dentelé. Si une meringue est un peu brisée, camoufler avec de la crème fouettée.

1 - Placer une grille dans la partie supérieure du four et une autre dans la partie inférieure. Préchauffer le four à 135 °C (275 °F). Dans du papier sulfurisé (parchemin), découper trois cercles de 20 cm (8 po) de diamètre. Les déposer sur deux plaques à pâtisserie. Réserver.

2 - Dans un petit bol, mélanger 125 ml (1/2 tasse) de sucre et la fécule de maïs. Réserver. Dans un grand bol, verser les blancs d'œufs. À l'aide d'un batteur électrique réglé à vitesse élevée, battre les blancs d'œufs jusqu'à ce qu'ils forment des pics mous. Incorporer graduellement 250 ml (1 tasse) de sucre en battant. Continuer de battre jusqu'à ce que la préparation forme des pics luisants. Ajouter la préparation sucre-fécule, le sel, le vinaigre et la vanille. Incorporer les noisettes à la spatule. Répartir la préparation sur les cercles de papier sulfurisé et égaliser à la spatule.

3 - Réduire la température du four à 105 °C (220 °F). Cuire les meringues dans le haut et le bas du four, jusqu'à ce qu'elles soient croustillantes et sèches, de 1 1/2 à 2 heures – à mi-cuisson, intervertir les plaques. Éteindre le four et y laisser sécher les meringues 30 minutes. Les retirer du four et les laisser refroidir complètement sur les plaques. Les meringues se conservent deux jours à température ambiante, dans une boîte en métal hermétique.

4 - Le jour du service, dans un grand bol, fouetter la crème jusqu'à ce qu'elle forme des pics fermes. Sur une assiette à gâteau ronde, déposer une meringue – garder la plus belle meringue pour le dessus du gâteau. Y étendre la moité de la crème fouettée jusqu'aux bords. Ajouter la moité des fruits. Déposer une deuxième meringue sur les fruits et y étendre le reste de la crème fouettée, puis le reste des fruits. Couronner de la troisième meringue. Si le dessert n'est pas servi immédiatement, couvrir lâchement d'une pellicule plastique et laisser à température ambiante au maximum 2 heures. Juste avant de servir, tamiser un peu de sucre glace sur le dessus.

La lime et la noix de coco font toujours bon ménage... Retrouvez-les avec bonheur dans un beau gâteau bien moelleux.

Gâteau à la lime, à la noix de coco et aux amandes

8 À 10 PORTIONS · **PRÉPARATION:** 25 MINUTES · **CUISSON:** 35 MINUTES

- 6 **œufs**
- 250 ml (1 tasse) d'**amandes moulues**
- 125 ml (1/2 tasse) de **noix de coco râpée, sucrée**
- 80 ml (1/3 tasse) de **farine tout usage**
- 1 c. à thé de zeste de **lime** râpé
- 1/2 c. à thé de **levure chimique** (poudre à lever)

- 1/2 c. à thé de **sel**
- 180 ml (3/4 tasse) de **sucre**
- 1 c. à thé d'**extrait de vanille**

GLAÇAGE À LA LIME
- 2 c. à soupe de jus de **lime** fraîchement pressé
- 250 ml (1 tasse) de **sucre glace**
- 2 c. à soupe de zeste de **lime** râpé

1 - Préchauffer le four à 175 °C (350 °F). Beurrer légèrement un moule à charnière de 25 cm (10 po). Séparer les jaunes d'œufs des blancs en les mettant dans deux bols différents et réserver.

2 - Dans un autre bol, mélanger à la fourchette les amandes, la noix de coco, la farine, le zeste de lime, la levure chimique et le sel. Réserver.

3 - À l'aide d'un batteur électrique, battre les jaunes d'œufs à vitesse moyenne. Incorporer graduellement le sucre, puis la vanille. Augmenter la vitesse et battre jusqu'à ce que la préparation ait doublé de volume. Y incorporer la préparation aux amandes à la spatule.

4 - Laver et assécher les fouets du batteur. Battre les blancs d'œufs à vitesse élevée jusqu'à ce qu'ils forment des pics fermes. Incorporer le tiers des blancs dans la préparation jaunes d'œufs-amandes et battre jusqu'à ce que la préparation soit homogène. Incorporer le reste des blancs à la spatule jusqu'à ce qu'il ne reste plus de stries blanches. Verser dans le moule et égaliser le dessus.

5 - Cuire au centre du four de 35 à 40 minutes ou jusqu'à ce qu'un cure-dents inséré au centre du gâteau en ressorte sec. Sortir du four et laisser reposer sur une grille 10 minutes. Passer un couteau entre le gâteau et le pourtour du moule. Démouler et laisser refroidir, puis transférer sur une assiette de service.

6 - Pour la préparation du glaçage à la lime : dans un bol, mélanger le jus de lime avec le sucre glace et le zeste de lime. Étendre sur le dessus du gâteau et laisser couler sur les côtés. Servir de préférence à température ambiante. Ce gâteau se conserve trois jours au réfrigérateur.

Inspiré du classique **very British** *que les Anglais servent à l'heure du thé, ce gâteau exquis sera tout aussi* **darling** *en dessert !*

Gâteau acidulé aux clémentines

12 PORTIONS · **PRÉPARATION:** 20 MINUTES · **CUISSON:** 40 MINUTES

- 500 ml (2 tasses) de **farine tout usage**
- 3 c. à soupe de **graines de pavot** (facultatif)
- 2 c. à thé de **levure chimique** (poudre à lever)
- 1 c. à thé de **bicarbonate de soude**
- 1/2 c. à thé de **sel**
- 1 c. à thé de zeste de **clémentine** râpé
- 125 ml (1/2 tasse) de **beurre non salé** à température ambiante
- 250 ml (1 tasse) de **sucre**
- 2 **œufs**
- 1 c. à thé d'**extrait de vanille**

- 250 ml (1 tasse) de **yogourt nature de style Balkan** (non réduit en gras) ou de babeurre
- 60 ml (1/4 tasse) de jus de **clémentine** fraîchement pressé
- quartiers de **clémentine**

GLAÇAGE À LA CLÉMENTINE
- 60 ml (1/4 tasse) de **beurre** ramolli
- 430 ml (1 3/4 tasse) de **sucre glace**
- 2 c. à soupe de jus de **clémentine** fraîchement pressé
- 1 c. à thé d'**extrait de vanille**

1 - Préchauffer le four à 175 °C (350 °F). Beurrer un moule carré de 20 cm (8 po). Dans un bol, mélanger la farine, les graines de pavot, la levure chimique, le bicarbonate, le sel et le zeste de clémentine. Réserver.

2 - Dans un grand bol, à l'aide d'un batteur électrique, battre le beurre en crème. Y ajouter graduellement le sucre, en battant, jusqu'à ce que la préparation soit mousseuse, environ 2 minutes. Y battre les œufs, un à la fois, puis la vanille. Régler le batteur électrique à basse vitesse et y intégrer la moitié des ingrédients secs, puis le yogourt et le jus de clémentine. À l'aide d'une cuillère en bois, incorporer le reste des ingrédients secs. Verser la préparation dans le moule. Égaliser le dessus.

3 - Cuire au centre du four de 40 à 45 minutes ou jusqu'à ce qu'un cure-dents inséré au centre du gâteau en ressorte sec. Laisser tiédir le gâteau 15 minutes sur une grille. Passer un couteau entre le gâteau et le pourtour du moule. Retourner le gâteau sur la grille et laisser refroidir complètement.

4 - Pour la préparation du glaçage : dans un bol, à l'aide du batteur électrique réglé à grande vitesse, battre en crème le beurre ramolli. Régler le batteur à basse vitesse et incorporer graduellement la moitié du sucre glace. Ajouter le jus de clémentine, puis le reste du sucre glace, et enfin la vanille.

5 - Au moment de servir, mettre le gâteau sur une assiette de service. Étendre le glaçage sur le dessus du gâteau et décorer de quartiers de clémentine.

*Un dessert absolument
décadent qui fera fondre
les volontés les plus fermes...*

Gâteau au fromage et au chocolat

16 PORTIONS · **PRÉPARATION:** 25 MINUTES · **CUISSON:** 45 MINUTES · **ATTENTE:** 4 HEURES 30 MINUTES

CROÛTE
- 625 ml (2 1/2 tasses) de **biscuits secs au chocolat**, émiettés
- 60 ml (1/4 tasse) de **sucre**
- 125 ml (1/2 tasse) de **beurre non salé** fondu

GARNITURE
- 225 g (8 oz) de **chocolat mi-sucré**, haché finement
- 4 briques de 250 g de **fromage à la crème**, à température ambiante
- 125 ml (1/2 tasse) de **crème sure**

- 310 ml (1 1/4 tasse) de **sucre**
- 1 c. à soupe de **farine tout usage**
- 2 c. à thé d'**extrait de vanille**
- 4 **œufs**

GLAÇAGE AU CHOCOLAT
- 112 g (4 oz) de **chocolat mi-sucré**, haché finement
- 125 ml (1/2 tasse) de **crème à cuisson 35 %**
- 2 c. à soupe de **miel** ou de sirop de maïs
- **copeaux de chocolat**

1 - Pour la préparation de la croûte : beurrer les parois d'un moule à charnière de 23 ou 25 cm (9 ou 10 po). Déposer ce moule sur du papier d'aluminium. Remonter le papier autour du moule jusqu'au bord – ccla cmpêchcra l'eau de la lèchefrite de s'infiltrer. Doubler le papier d'aluminium, si nécessaire. Dans un grand bol, à la fourchette, mélanger les biscuits émiettés et le sucre. Incorporer le beurre fondu. Presser le mélange dans le fond du moule. Réserver au réfrigérateur.

2 - Pour la préparation de la garniture : faire fondre le chocolat au bain-marie ou au micro-ondes, environ 2 minutes. Réserver. Préchauffer le four à 160 °C (325 °F). Faire bouillir de l'eau.

3 - Dans un grand bol, mettre le fromage. À l'aide d'un batteur électrique, y incorporer la crème sure, le sucre, la farine et la vanille. Ajouter les œufs, un à la fois, jusqu'à ce que la préparation soit homogène. Ajouter le chocolat tiédi. Verser dans le moule, sur la croûte refroidie.

4 - Déposer le moule dans une lèchefrite. Verser environ 2,5 cm (1 po) d'eau bouillante dans la lèchefrite. Cuire au centre du four jusqu'à ce que la garniture soit presque prise, de 40 à 60 minutes. Sur une grille, déposer la lèchefrite contenant le gâteau. Pour empêcher le gâteau de craquer, passer un couteau entre celui-ci et le moule. Laisser reposer 30 minutes.

5 - Retirer le moule de la lèchefrite et enlever le papier d'aluminium. Laisser le gâteau refroidir. Recouvrir d'une pellicule plastique. Réfrigérer 4 heures. Démouler. Ce gâteau se conserve trois jours au réfrigérateur ou un mois au congélateur (dans du papier d'aluminium).

6 - Pour la préparation du glaçage : dans un bol moyen, déposer le chocolat. Dans une casserole, porter la crème à ébullition. La verser sur le chocolat. Ajouter le miel. Remuer jusqu'à ce que le chocolat soit fondu et que la préparation soit homogène. Au moment de servir, glacer le gâteau et garnir de copeaux de chocolat.

Masami Waki, la chef pâtissière
du Club Chasse et Pêche, nous offre
ces brownies au cacao, aux amandes
et aux abricots. Un vrai péché !

Brownies aux amandes

10 À 16 BROWNIES · **PRÉPARATION:** 15 MINUTES · **CUISSON:** 20 MINUTES

- 70 g de **chocolat 60 %**
- 125 ml (1/2 tasse) de **beurre** ramolli
- 160 ml (2/3 tasse) de **sucre**
- 1 pincée de **sel**
- 2 **œufs**

- 125 ml (1/2 tasse) de **farine tout usage**
- 60 ml (1/4 tasse) de **fruits secs** hachés (abricots ou cerises)
- 60 ml (1/4 tasse) d'**amandes** hachées

1 - Préchauffer le four à 175 °C (350 °F). Beurrer un moule carré de 20 cm (8 po). Faire fondre le chocolat au bain-marie ou au micro-ondes 40 secondes.

2 - Dans le récipient d'un robot culinaire, réduire le beurre en crème. Ajouter le chocolat fondu, le sucre, le sel et les œufs. (Si vous n'utilisez pas de robot, battre les œufs avant de les ajouter à la préparation.) Mélanger quelques minutes pour rendre la préparation homogène.

3 - Dans un grand bol, mettre la préparation au chocolat. Incorporer la farine, les fruits secs et les amandes. Bien mélanger. Verser dans le moule.

4 - Cuire de 20 à 25 minutes. Les brownies sont prêts quand un cure-dents inséré au centre en ressort sec. Laisser tiédir sur une grille. Couper en carrés. Accompagner de crème fouettée, de crème glacée ou de sauce au chocolat.

*D'inspiration française,
ces tartelettes sont faites d'une
croûte sablée agrémentée de graines
de pavot et d'une crème au citron
délicieusement acidulée.*

Tartelettes au citron

10 TARTELETTES · **PRÉPARATION:** 35 MINUTES · **CUISSON:** 15 MINUTES · **ATTENTE:** 40 MINUTES

PÂTE SABLÉE
- 310 ml (1 1/4 tasse) de **farine**
- 80 ml (1/3 tasse) de **sucre**
- 1 c. à soupe de **graines de pavot**
- 80 ml (1/3 tasse) de **beurre** à température ambiante
- 1 **œuf** de grosseur moyenne

CRÈME AU CITRON
- 4 **œufs** moyens ou 3 gros
- 180 ml (3/4 tasse) de **sucre**
- 1 c. à soupe de **farine**
- 180 ml (3/4 tasse) de **crème 15 %**
- 125 ml (1/2 tasse) de **jus de citron**

- **framboises**
- zeste de **lime** râpé

1 - Pour la préparation de la pâte sablée : mettre la farine, le sucre et les graines de pavot dans le récipient d'un robot culinaire. Bien mélanger. Ajouter le beurre et donner de brèves impulsions répétées jusqu'à ce que le mélange ait une texture granuleuse. Ajouter l'œuf et mélanger jusqu'à ce que la pâte soit compacte. L'envelopper d'une pellicule plastique et réfrigérer au moins 30 minutes.

2 - Préchauffer le four à 190 °C (375 °F). Sur un plan de travail fariné, abaisser la pâte à une épaisseur de 3 mm (1/8 po). Tailler dix cercles de pâte de 11 cm (4 1/2 po) pour des moules de 8 cm (3 po). (Ajuster la dimension des cercles de pâte selon le diamètre des moules à tartelettes, en y ajoutant 3 cm / 1 po.) Déposer les abaisses dans les moules à tartelettes. Pour empêcher la pâte de gonfler ou de rétrécir, piquer le fond de chaque tartelette avec une fourchette. Mettre des coupelles à muffins en papier sur les abaisses et les remplir de pois secs.

3 - Cuire au four de 15 à 20 minutes ou jusqu'à ce que les croûtes soient dorées. Retirer les pois et les coupelles. Laisser refroidir.

4 - Pour la préparation de la crème au citron : dans un bol, fouetter ensemble les œufs, le sucre et la farine. Incorporer la crème, puis le jus de citron.

5 - Dans une casserole, sur feu moyen, amener le mélange à ébullition en fouettant. Retirer du feu. Laisser refroidir avant de verser dans les tartelettes. Garnir de framboises et de zeste de lime râpé.

Un délicieux classique.
À servir avec de la crème
glacée à la vanille.

Clafoutis aux cerises

6 À 8 PORTIONS • **PRÉPARATION:** 20 MINUTES • **CUISSON:** 20 MINUTES (RAMEQUINS) OU 45 MINUTES (MOULE À TARTE)

- 750 ml (3 tasses) de **cerises entières**, dénoyautées
- 3 c. à soupe d'**eau-de-vie à l'érable Fine Sève** ou autre alcool à l'érable
- 3 **œufs**
- 1 pincée de **sel**

- 125 ml (1/2 tasse) de **sucre**
- 180 ml (3/4 tasse) de **farine tout usage**
- 310 ml (1 1/4 tasse) de **lait**
- 1 c. à thé de zeste de **citron** râpé
- 2 c. à thé d'**extrait de vanille**
- **sucre glace**

1 - Préchauffer le four à 190 °C (375 °F). Beurrer et fariner six ramequins de 10 cm (4 po) de diamètre, ou un moule à tarte en verre, ou un moule à quiche de 28 cm (11 po). Dans un bol, mélanger les cerises et l'eau-de-vie. Réserver.

2 - Au mélangeur ou au robot culinaire, battre les œufs et ajouter le sel puis ajouter le sucre et la farine. Graduellement, ajouter le lait et mélanger jusqu'à ce que le mélange soit lisse. Ajouter le zeste et la vanille.

3 - Égoutter les cerises. Recueillir le jus alcoolisé et l'incorporer à la pâte. Déposer les cerises égouttées au fond du moule. Étaler la pâte par-dessus.

4 - Cuire au four de 20 à 25 minutes (ramequins), ou de 45 à 55 minutes (moule à tarte ou à quiche), ou jusqu'à ce que la pâte soit bien dorée. Laisser refroidir. Saupoudrer de sucre glace. Servir tiède ou froid.

NOTE

Dans la recette traditionnelle, les cerises ne sont pas dénoyautées (les noyaux confèrent un bon goût d'amande à la préparation). Prudence cependant pour les dents si on opte pour ce raccourci.

Pour accompagner un tel dessert,
servez un des excellents hydromels
ou poirés produits au Québec.

Tarte aux poires à la cardamome et crème anglaise au miel

8 PORTIONS · **PRÉPARATION:** 15 MINUTES · **CUISSON:** 1 HEURE 10 MINUTES

- 1 abaisse de **pâte brisée** du commerce ou maison*
- 10 **gousses de cardamome**
- 4 **poires**
- 2 c. à soupe de **jus de citron**
- 2 gros **œufs**

- 80 ml (1/3 tasse) de **sucre**
- 3 c. à soupe de **farine tout usage**
- 330 ml (1 1/3 tasse) de **yogourt nature**
- 80 ml (1/3 tasse) d'**amandes tranchées**

CRÈME ANGLAISE
- 2 c. à thé de **fécule de maïs**
- 250 ml (1 tasse) de **lait**
- 1 pincée de **sel**
- 4 c. à thé de **miel**
- 1 **jaune d'œuf**

1 - Préchauffer le four à 175 °C (350 °F). Déposer l'abaisse dans un moule à tarte ou à quiche de 25 cm (10 po). Dans un mortier, écraser la cardamome. Jeter l'enveloppe des gousses puis écraser les graines en poudre fine. Réserver. Peler les poires. Les trancher et les arroser de jus de citron. Réserver.

2 - Dans un grand bol, à l'aide d'un batteur électrique, battre les œufs avec le sucre, la farine, le yogourt et la poudre de cardamome. Disposer les poires égouttées dans l'abaisse. Y étendre la préparation au yogourt et garnir des amandes.

3 - Cuire au four environ 1 heure ou jusqu'à ce que la préparation soit prise. Servir tiède ou froide avec la crème anglaise.

4 - Pour la préparation de la crème anglaise : mettre la fécule de maïs dans une tasse à mesurer. Ajouter environ 2 c. à soupe de lait et bien brasser pour diluer la fécule. Ajouter du lait pour obtenir 250 ml (1 tasse). Verser dans une casserole à fond épais, ajouter une pincée de sel et cuire 5 minutes sur feu moyen-doux, en remuant et en raclant le fond avec une spatule de temps à autre. Ajouter le miel et brasser pour bien faire fondre.

5 - Dans un bol, battre le jaune d'œuf et y incorporer, au fouet, environ la moitié du mélange de lait. Remettre dans la casserole avec le reste du mélange au lait chaud. Cuire sur feu doux environ 2 minutes, en remuant avec la spatule. Retirer du feu. Tamiser au besoin. Couvrir et réserver au réfrigérateur.

* Voir recette en page 217

Une petite touche de gingembre suffit pour rendre ce dessert absolument inoubliable.

Tarte aux framboises et au gingembre

8 PORTIONS · **PRÉPARATION:** 25 MINUTES · **CUISSON:** 55 MINUTES

- 2 abaisses de **pâte brisée** du commerce ou maison*
- **farine**
- 1 litre (4 tasses) de **framboises** fraîches ou congelées

- 1 c. à thé de **gingembre frais**, pelé et râpé
- 3 c. à soupe de **fécule de maïs**
- 180 ml (3/4 tasse) de **sucre**
- 1 **jaune d'œuf** battu avec 1 c. à soupe d'**eau**

1 - Préchauffer le four à 220 °C (425 °F). Sur un plan de travail fariné, abaisser les deux disques de pâte brisée pour obtenir deux cercles de 36 cm (14 po). Déposer une abaisse sans l'étirer dans un moule à tarte profond de 23 cm (9 po), en la pressant délicatement dans le fond et sur les parois. Laisser déborder la pâte du moule d'environ 2 cm (3/4 po). Enlever l'excédent. Réserver au réfrigérateur. Avec une roulette à pâtisserie ou un couteau, couper l'autre abaisse en six bandes de 4 cm (1 1/2 po) de largeur et réserver.

2 - Dans un grand bol, mélanger les framboises, le gingembre, la fécule de maïs et le sucre. Verser sur l'abaisse, dans le moule à tarte. Couvrir avec les bandes de pâte en les entrelaçant pour former un treillis. Couper l'excédent des bandes et replier les extrémités sous l'abaisse en pressant pour sceller. Badigeonner les bandes et la bordure du mélange de jaune d'œuf et d'eau.

3 - Mettre dans la partie inférieure du four et cuire 10 minutes. Réduire la température à 175 °C (350 °F) et poursuivre la cuisson environ 45 minutes ou jusqu'à ce que la croûte soit dorée et que la garniture bouillonne doucement au centre de la tarte. Si le bord de la tarte brunit trop rapidement, le recouvrir d'une bande de papier d'aluminium.

TRUC
Peler le gingembre en le grattant doucement avec le bord d'une petite cuillère.

* Voir recette en page 217

211

212

*Un seul mot pour décrire le look et
le goût de cette tarte : spectaculaire !*

Tarte au chocolat blanc, aux mûres et aux bleuets

8 À 10 PORTIONS · **PRÉPARATION:** 20 MINUTES · **CUISSON:** 10 MINUTES · **ATTENTE:** 12 HEURES

CROÛTE
- 410 ml (1 2/3 tasse) de **chapelure de biscuits Graham**
- 80 ml (1/3 tasse) de **beurre** fondu

GANACHE AU CHOCOLAT BLANC
- 200 g (7 oz) de **chocolat blanc** haché

- 160 ml (2/3 tasse) de **crème à cuisson 35 %**
- 2 c. à soupe de **beurre non salé** ramolli

- zeste de 1 **citron**
- 250 ml (1 tasse) de **mûres** fraîches
- 250 ml (1 tasse) de **bleuets** frais

NOTE
Framboises, cerises de terre, bananes et pêches se marient aussi très bien au chocolat blanc, une idée à retenir pour cette tarte, mais également pour d'autres desserts, une fondue au chocolat blanc par exemple.

1 - Préchauffer le four à 175 °C (350 °F). Pour la préparation de la croûte : dans un bol, mélanger la chapelure et le beurre fondu. Presser ce mélange dans un moule à tarte cannelé à fond amovible ainsi que sur les parois du moule à une hauteur de 2,5 cm (1 po). Cuire de 8 à 10 minutes. Retirer du four.

2 - Pour la préparation de la ganache : mettre le chocolat dans un bol. Réserver. Dans une casserole, sur feu moyen-vif, amener la crème à ébullition. Retirer du feu et verser sur le chocolat. Laisser reposer 2 minutes sans remuer. Fouetter jusqu'à ce que le mélange soit lisse. Incorporer le beurre non salé ramolli et bien mélanger. Réserver.

3 - Râper très finement le zeste du citron au-dessus de la croûte cuite, en le dispersant uniformément. Y verser immédiatement la ganache. Couvrir et réfrigérer jusqu'au lendemain. Garnir avec les petits fruits au moment de servir.

LES BASES

*En cuisine, connaître quelques principes de base
facilite la vie. Une fois maîtrisées, ces recettes somme
toute assez simples peuvent se décliner en mille et
une variations. Elles donnent envie de multiplier
les expériences à l'infini. N'est-ce pas là l'un des grands
plaisirs quand on revêt son tablier ?*

Bouillon de poulet

3 LITRES (12 TASSES) · **PRÉPARATION:** 15 MINUTES · **CUISSON:** 4 HEURES 10 MINUTES

- 2,5 kg (5 1/2 lb) d'**os de poulet** rincés à l'eau froide
- 625 ml (2 1/2 tasses) d'**oignons** hachés grossièrement
- 625 ml (2 1/2 tasses) de **carottes** brossées et coupées en gros morceaux
- 3 branches de **céleri** coupées en quatre
- 375 ml (1 1/2 tasse) de **panais** pelé et haché grossièrement
- 1 **feuille de laurier**
- 1 c. à thé de **thym séché**
- 10 grains de **poivre noir** entiers
- 60 ml (1/4 tasse) de **persil frais**

1 - Mettre tous les ingrédients dans un faitout. Ajouter 4 litres (16 tasses) d'eau. Amener à ébullition, sur feu moyen. À l'aide d'une écumoire ou d'une louche, retirer la mousse qui se forme à la surface. Réduire le feu et laisser mijoter lentement, de 4 à 5 heures - écumer la surface toutes les demi-heures pour retirer les impuretés.

2 - Filtrer le bouillon au tamis. Laisser refroidir. Réfrigérer jusqu'à deux jours. Le bouillon peut être congelé plusieurs mois. Retirer le gras figé sur le bouillon avant de le réchauffer.

Pâte à pizza

2 PIZZAS DE 30 CM (12 PO); 4 PIZZAS DE 22 CM (9 PO) OU 6 PIZZAS DE 18 CM (7 PO) · **PRÉPARATION:** 15 MINUTES
CUISSON: 20 MINUTES · **ATTENTE:** 35 MINUTES

- 1 c. à soupe de **levure sèche instantanée**
- 1 c. à thé de **sucre fin**
- 250 ml (1 tasse) d'**eau tiède**
- 625 ml (2 1/2 tasses) de **farine tout usage**
- 1 c. à thé de **sel de mer**
- 1 c. à soupe d'**huile d'olive**

1 - Dans un bol, mélanger la levure, le sucre et l'eau. Laisser reposer environ 5 minutes ou jusqu'à ce que des bulles se forment à la surface.

2 - Dans un autre bol, mélanger la farine et le sel. Former un puits au centre et y verser le mélange de levure. Ajouter l'huile. Se fariner les mains et travailler le mélange avec les doigts jusqu'à ce qu'il forme une boule.

3 - Sur une surface légèrement farinée, pétrir la pâte 3 ou 4 minutes, ou jusqu'à ce qu'elle soit lisse et élastique. Diviser la pâte en parties égales et former le nombre de boules voulu.

4 - Les déposer sur une plaque légèrement farinée et les recouvrir d'un linge humide propre. Réserver dans un endroit tiède à l'abri des courants d'air (par exemple, mettre au four et allumer la lumière) 30 minutes ou jusqu'à ce que les boules aient doublé de volume.

5 - Préchauffer le four à 200 °C (400 °F). Sur une surface légèrement farinée, abaisser chaque boule à l'aide d'un rouleau à pâtisserie pour former un cercle du diamètre voulu.

6 - Garnir et cuire au four environ 20 minutes ou jusqu'à ce que les bords soient dorés.

VARIANTE
Abaisser la pâte en formes diverses: ovales, carrés ou rectangles.

Pâte brisée

2 ABAISSES · **PRÉPARATION:** 10 MINUTES · **ATTENTE:** 1 HEURE

- 560 ml (2 1/4 tasses) de **farine tout usage non blanchie**
- 1 c. à thé de **sucre**
- 1/2 c. à thé de **sel**
- 250 ml (1 tasse) de **beurre non salé**, froid, coupé en gros cubes
- 1 c. à soupe de **vinaigre blanc** ou de jus de citron
- 4 à 6 c. à soupe d'**eau** glacée

1 - Au robot culinaire, mélanger la farine, le sucre et le sel. Ajouter le beurre et donner de brèves impulsions répétées, jusqu'à ce que le beurre ait la grosseur de petits pois.

2 - Dans un petit bol, mélanger le vinaigre avec 4 c. à soupe d'eau glacée. Pendant que le robot culinaire est en marche, intégrer lentement ce mélange à la farine en versant en un mince filet. Ajouter jusqu'à 2 c. à soupe d'eau glacée au besoin, 1 c. à soupe à la fois. Éteindre le robot aussitôt que la pâte commence à se former, en évitant de trop mélanger (la pâte doit tenir ensemble lorsqu'on la presse dans une main).

3 - Retirer la pâte du récipient du robot et la diviser en deux. Emballer chaque moitié de pâte dans une grande pellicule plastique et presser de façon à former des disques de 2 cm (3/4 po) d'épaisseur. Réfrigérer au moins 1 heure ou jusqu'à ce que la pâte soit ferme. La pâte peut se conserver jusqu'à trois jours au réfrigérateur ou trois mois au congélateur.

4 - Sur une surface légèrement farinée, abaisser chaque disque à l'aide d'un rouleau à pâtisserie pour former un cercle du diamètre voulu.

VINAIGRETTES 101

La base. On peut réussir une bonne vinaigrette avec de l'huile, du vinaigre, du sel et du poivre. Les proportions de base? Trois parties d'huile pour une partie de vinaigre. La qualité des ingrédients est primordiale. Utiliser une bonne huile d'olive extra vierge ou une huile de noix – surtout pas rance! –, un vinaigre qui sort de l'ordinaire (d'érable, de cidre artisanal ou de Banyuls), du poivre frais et du sel de mer.

Mais encore... Agrémenter cette base d'épices, de fines herbes, d'ail, de fleur d'ail, de moutarde, de gingembre frais, de wasabi, de sirop d'érable, de miso, de yogourt ou de jus d'agrumes. Ces derniers ajouteront une note acidulée, ou sucrée, ou aillée, c'est selon. Enfin, il est important de goûter. Si la vinaigrette est trop aigre, y ajouter un peu d'un ingrédient sucré.

La bonne manière. Fouetter d'abord le sel dans le vinaigre pour le dissoudre, ou encore mélanger en agitant ces deux ingrédients dans un pot fermé hermétiquement. Poivrer, ajouter les assaisonnements et, finalement, l'huile.

LES RUDIMENTS DE LA MARINADE

La préparation d'une marinade est simple: on mélange de l'huile, une bonne quantité de sel ou de sauce soya et des aromates (fines herbes, épices, ail, moutarde, etc.). L'addition de sucre, de miel ou de sirop d'érable participe au brunissement de la viande et à la complexité des saveurs. On peut également incorporer un ingrédient acide, comme du vinaigre ou du jus de citron, mais, contrairement à une idée reçue, celui-ci n'attendrit pas la viande: il peut rendre sa texture spongieuse et même sèche si le temps de macération est trop long.

INDEX